Heidrun Siebenhofer

# An Maria im Himmel – Postlagernd

Bitte fordern Sie unser kostenloses Verlagsverzeichnis an:

Smaragd Verlag
In der Steubach 1
**57614 Woldert (Ww.)**
**Tel.: 02684-97848-10**
**Fax: 02684-97848-20**
E-Mail: info@smaragd-verlag.de
www.smaragd-verlag.de

Oder besuchen Sie uns im Internet unter der obigen Adresse.


Deutsche Erstausgabe: Juni 2010
Umschlaggestaltung: preData
Satz: preData
Printed in Czech Republic
**ISBN 978-3-941363-21-2**

Heidrun Siebenhofer

# An Maria im Himmel – Postlagernd

Smaragd Verlag

# Über die Autorin

Heidrun Siebenhofer beschäftigt sich seit 1994 mit Spiritualität. Während einer Lebenskrise machte sie eine transformierende Erfahrung, die ihr half, ihre Berufung zu finden. Seither wird sie von Engel- und Naturwesen zum Schreiben inspiriert, deren lichtvolle Energien in ihren Büchern zum Ausdruck kommen.

Neben dem Schreiben zeigt sie anhand eigener Engelkarten Ratsuchenden ihren spirituellen Weg auf und übermittelt ihnen Botschaften ihrer Engel.

Heidrun Siebenhofer ist Jahrgang 1943 und lebt mit ihrer Familie in Österreich.

# Inhalt

# Einleitung

Die Möglichkeit, höheres Wissen aus der unerschöpflichen göttlichen Quelle zu erhalten, begeisterte mich schon immer. Doch mir fehlte lange die Zeit, mich mit Bewusstseinsveränderung zu beschäftigen. Die Arbeit im eigenen Geschäft und die Sorge um Kinder und Familie verhinderten lange Zeit erfolgreich, dass ich meinem inneren Drängen nach Veränderung nachgab. Obwohl mich immer öfter Aussagen wie: Gott steht hoch über dem Menschen und bestraft ihn für Dinge, die die Kirche als „böse" klassifiziert, irritierten.

Diese Annahme passte immer weniger zu meinen Erfahrungen von Gott, denn ich konnte nicht glauben, dass dort, wo grenzenlose, unendliche und selbstlose Liebe war, Strafe und Verurteilung beheimatet sein sollten. So gerieten viele meiner Überzeugungen und Gedankenmuster ins Wanken, und ich begann, mir meine eigene Meinung über Gott zu bilden.

Im April 1994, als mein Umdenken begann, wusste ich noch nicht, dass alles, was mir in meinem bisherigen Leben „zugestoßen" war, auf meinen Mangel an Gottvertrauen zurückging. Ich wusste nicht, dass ich mir selbst bei allen Widrigkeiten im Weg stand und es nur an mir allein lag, meine ganze Lebenssituation und -einstellung zu ändern.

Es war zweifellos die größte Zeit der Herausforderung, die zu diesem Zeitpunkt für mich ihren Anfang nahm. Den Entschluss, vom Rauchen wegzukommen und ihn erfolgreich umzusetzen, war das Beste, was mir passieren konnte. Mit 51 Jahren erlebte ich bei diesem Mentaltraining die heilende und beruhigende Wirkung von Meditation und in weiterer Folge die Erfahrung visionärer Erlebnisse.

Immer mehr öffnete ich mich für Gottesführung und fing an, Veränderung in meinem Leben zuzulassen. Auch mein Mann – nach körperlichen Warnschüssen aufgeschreckt – begann, auf seine innere Stimme zu hören. Nachdem wir uns aus dem aktiven Geschäftsleben in die Pension zurückgezogen hatten, starteten wir neu durch.

Mein Mann begann seine künstlerische Ader voll auszuleben und präsentiert seither mit großem Erfolg seine Seelenbilder in Ausstellungen, während Schreiben mein Lebensinhalt wurde. Eine Leidenschaft, die mich schon seit meinen Jugendtagen begleitete.

Dabei machte ich immer mehr Bekanntschaft mit den inneren Schätzen, die mir meine Seele bot. Und ich fand in mir die Bandbreite an spiritueller Tiefe und Vielfalt, die ich zuvor niemals vermutet hätte; darin schlummerten auch bisher unterdrückte Potenziale, und Geist und Körper wurden neu verwoben. Und jene Impulse aus Energie und Information, die meine neuen Lebenserfahrungen erschufen, spiegelten sich ab diesem Zeitpunkt in einer neuen Einstellung zum Leben wider. Diese Einstellung ist Folge und Ausdruck jener Botschaften, die ich aus der Geistigen Welt erhielt. Die Botschaften der Engel als meine Intuition anzunehmen, war ein Lernprozess, der mein weiteres Leben komplett veränderte.

Ich weiß jetzt, dass ich der Schöpfer all dessen bin, was in mein Leben kommt. Ich bin aufgerufen, meine

Stärken und Schwächen zu erkennen, meine Gefühle zu heilen und alles auszuräumen, was mich daran hindert, mein wahres Selbst zu sein. Ich habe inzwischen verstanden, dass, wenn ich meine Macht nach außen abgebe, ich das Wichtigste dabei übersehe: den Einfluss, den ich habe, um mein eigenes Denken und Handeln zu verändern. Denn nur dadurch wird sich ganz natürlich auch die Welt um mich herum wandeln. In dieser Erneuerung entstanden viele meiner neuen Träume und Wünsche, die ein Spiegelbild meines Umdenkens sind. Daraus formte sich das Wissen, in welche Richtung und auf welches Ziel sich meine Seele hinbewegt.

Ich erkannte meine Göttlichkeit wieder. Meinen Ursprung und die Liebe, die uns allen eigen ist.

Dieses Wissen vertiefte sich, als ich in Meditationen mit einem Lichtwesen in Kontakt trat, das mich aufforderte aufzuschreiben, was es mir ins Bewusstsein bringen würde. Mit übervollem Herzen war ich bei der Sache, und bald flossen Worte und Sätze auch im Alltagsleben in mein Bewusstsein, deren Aussagekraft mich mit großer Freude erfüllte. Immer mehr spürte ich auch, wie sich dadurch meine Verbindung zur Geistigen Welt vertiefte, und immer öfter fühlte ich die liebevolle Energie der Engel um mich, und Engelführung wurde zu einem Bestandteil meines Lebens. Ganz besonders zu der Zeit, als ich im Jahre 2005 mit einer Lungenkrebsdiagnose mit der Endlichkeit meines Lebens konfrontiert wurde. Zu jenem Zeitpunkt erhielt ich nicht nur unendlich viele Botschaften aus der Geistigen Welt, sondern kam beim Schreiben auch in Kontakt mit meiner 1983 verstorbenen Mutter. Die Botschaften der Engel und die Kommunikation mit meiner Mutter in dieser schweren Zeit sind in meinem Buch „Ich sage dir... Botschaften und Bilder aus dem Lichtreich" nachzulesen.

Das Ergebnis der Operation war unglaublich und hat aufgezeigt, dass hinter der Diagnose Krebs nicht immer Hoffnungslosigkeit stehen muss. In meinem Fall hat sich durch göttliche Fügung eine Wendung ergeben, mit der niemand gerechnet hatte. Doch ich brauchte wohl diese Erfahrung und die dazugehörigen Emotionen, um sagen zu können: „Herr, dein Wille geschehe". Ich war bereit, mein Leben loszulassen. Nun bin ich bereit, alle meine Begegnungen mit dem Leben in Gelegenheiten der Liebe umzuwandeln und mir in Erinnerung zu rufen, dass alles, was das Leben mir bietet, eine Lektion der Liebe ist.

Durch die innige Verbindung mit den Engeln begann das Tor meiner Kreativität von Tag zu Tag immer weiter aufzugehen.

Während einer Energiebehandlung erhielt ich Kontakt zu einem machtvollen Lichtwesen, das mich mit seiner Liebe schützend umfangen hielt.

Schon nach kurzen Augenblicken sah die Energetikerin das macht- und unendlich lichtvolle Wesen, das mich mit seiner Liebe umfangen hielt. Nach ihren Aussagen hatte sie nie zuvor solch ein wundervolles Lichtwesen gesehen. Es war beeindruckend und das Licht, das es ausstrahlte, überwältigend. Die Therapeutin war überglücklich, in dieser liebevollen, friedlichen und lichtvollen Energie arbeiten zu dürfen, denn die Ausstrahlung dieses Wesens hatte ein Ausmaß, das über das normale Verständnis hinausging. Die Lichtenergie – Maria – brachte mir eine Botschaft ins Bewusstein, die ich mir sofort notierte:

*Ich bin Maria!*

*Sei gegrüßt, Seele im Licht.*

*Ich bin seit deiner Lesung in der Kinder-Rehaklinik in Judendorf Strassengel bei dir. Es war kein Zufall, dass es dich dort hingezogen hat, obwohl du die Auswahl unter anderen Orten hattest. Dir ist erst viel später bewusst geworden, dass du damit einen Ort gewählt hast, in dem das Wort ENGEL integriert ist. Du hast die Botschaft deiner Seele verstanden und umgesetzt. Du musstest das tun, denn ich habe dort auf dich gewartet.*

*Du handelst genau so, wie es deinem Lebensplan entspricht. Sehr viele Menschen benötigen Heilung, Führung und Hilfe beim Erwachen. Auch dir wurde Hilfe zuteil, damit du aufwachen konntest.*

*Zu unserer Freude hast du umgesetzt, was dir von deiner Seele übermittelt wurde. Du weißt, dass du immer die freie Wahl hast, in deine alten Glaubensmuster zurückzufallen oder dich ins Licht zu erheben. Wir haben dir viele Prüfungen geschickt – doch du hast dich nicht beirren lassen, und das ist schön. Für mich, die ich dich mit meiner Liebe sanft umfangen halte, für dich selbst, denn du hast zu deiner wahren Natur zurückgefunden, und für alle anderen, die durch deine Hilfe umdenken und den lichtvollen Weg einschlagen werden.*

*Ich bin MARIA – jene Liebesenergie, die dir Botschaften an die Frauen dieser Welt übermitteln will. Es ist Teil deiner Mission, denn aus deiner inneren Kraft werden noch viele Texte fließen, die alle die Energie des Lichts in sich tragen werden.*

*Geliebte Seele im Licht, dein Leben ist Berufung. Du hast dich damit einverstanden erklärt, und so ist es!*

*Ich bin MARIA! Ich halte dich fest und segne dich und deine Handlungen, damit dein Tun allezeit von der Liebe bestimmt ist, die du bist und die du weitergeben sollst. Handle stets zum Wohl der Welt, die Leuchttürme wie dich braucht, um den Menschen das Licht zu bringen – um ein Ankerplatz für die Liebe zu sein.*

Kurze Zeit später wurde ich zu dem Buch „An Maria im Himmel – Postlagernd" inspiriert, während ich einen Bericht über die Schauspielerin Monika Bleibtreu las. Plötzlich war der Titel dieses Buches in meinem Bewusstsein, und in schneller Folge wurde mir auch der Inhalt von der äußerst machtvollen Energie Marias übermittelt, die ich zuvor noch nie so intensiv gespürt hatte.

Ich habe beim Schreiben dieses Werkes so viel Freude und Liebe aus dem Geistigen übermittelt bekommen, dass ich mir sicher bin, dass die Leser/Innen dieses Buches die liebevolle Energie der Gottesmutter, die aus jeder Zeile spricht, ebenfalls spüren werden.

Heidrun Siebenhofer

☆☆☆

*Mein Kind*
*ich halte dich fest,*
*auch wenn du meine Hand nicht spürst.*
*Ich spreche zu dir,*
*auch wenn mich nicht hörst.*
*Ich schaue durch deine Augen,*
*auch wenn du sie verschließt.*
*Ich wirke durch dich,*
*auch wenn du es nicht fühlst.*

*Mein Kind*
*du bist mein Licht,*
*das alles Leben berührt,*
*Jenes Licht,*
*das in Raum und Zeit*
*als Leuchtturm durch das Dunkel führt.*

☆☆☆

# Über Frauen für eine bessere Welt

Sehr geehrte Gottesmutter!
Liebe Maria,

ich kenne dich schon so lange, dass ich mir die Freiheit nehme, dich zu duzen.

Es ist mir ein Bedürfnis, dir zu schreiben, weil ich vieles auf dem Herzen habe, das ich gerne loswerden möchte und wofür ich mir von dir eine kompetente Antwort erhoffe; aber auch, weil ich dir im Namen vieler Frauen sagen möchte, dass wir stolz darauf sind, dass du unsere Interessen in der geistigen Ebene vertrittst. Und das tust du schon über zweitausend Jahre lang. Dafür gebührt dir ein ganz besonderes Dankeschön!

Die meisten Menschen, die ich kenne, wenden sich lieber gleich an Gott, Jesus oder an den jeweiligen Erzengel, der für ihre Sorgen und Bitten zuständig ist. Da hört man dann allgemein: „Gott sei's gedankt!" oder: „Der Vater im Himmel wird es schon richten!" oder aber: „Heiliger Christophorus, beschütze mein Auto" usw. Dabei kommst du meiner Meinung nach zu kurz, liebe Maria. Auch beim Vaterunser wirst du erst als schmückendes Beiwerk erwähnt. Das erinnert mich irgendwie an die allgemeine Situation von uns Frauen. Wir werden ja auch meistens als nettes Anhängsel oder mal als guter Geist angesehen, dabei – wer steht denn hinter einem erfolgreichen Mann? – genau!

Das klingt jetzt vielleicht ein wenig überheblich, bitte verzeihe mir, wenn ich übers Ziel hinausschieße. Eigentlich sollten ja wir Frauen das verkörpern, was du bist, deine Eigenschaften, die da sind: Liebe, Barmherzigkeit, Mütterlichkeit, Harmonie, Frieden, Mitgefühl und, vor allem, bedingungslose Liebe. Aber glaube mir, das mit der bedingungslosen Liebe ist wirklich nicht so einfach, wie es sich anhört. Es ist sogar verdammt schwer.

Du wirst dir sicher auch schon des Öfteren gedacht haben: Warum schickt der Schöpfer Menschen, die nur Böses im Sinn haben, zu uns herab? Weißt du überhaupt, welche komischen Gestalten hier unten umherlaufen? Auch das ist etwas, was ich nicht so ganz verstehe, und worauf du mir sicher wirst antworten können.

Liebe Maria, ich weiß, dass du sehr viel zu tun hast und daher nicht immer alles ganz genau im Blick haben kannst – aber ich bitte dich trotzdem, mir auf meinen Brief zu antworten. Ich habe gehört und gelesen, dass Vielfältigkeit kein Problem für dich ist, daher denke ich, du schaffst es sicher, meine Neugier zu befriedigen und gleichzeitig die Gebete und Wünsche aller anderen Menschen auch anzuhören beziehungsweise sie zu beantworten. Das stelle ich mir dann so vor, dass dein Herz eine gewaltige Lichtquelle ist – ähnlich einer überirdischen Glühbirne – die, wenn sie angeknipst – äh - angerufen wird, ihr Licht in einem unvorstellbaren Umkreis aufleuchten lässt. Ich bin mir sicher, da bleibt keine Ecke dunkel und niemand, der um dein Licht bittet, bleibt außen vor. Habe ich recht, Maria?

Aber ich schweife schon wieder vom Thema ab.

Weißt du, geliebte Mutter, es gibt weltweit bereits sehr

viele Frauen, die bereit wären, deine Interessen hier unten zu vertreten. Frauen, die das sein und leben möchten, wofür du stehst: Liebe, Mitgefühl, Verständnis usw.. Du weißt schon, was ich meine.

Liebste Mutter Maria, übertrage doch uns Frauen einen Teil deiner Führungspositionen. Ich versichere dir, deinem Aufruf werden sich weltweit so viele Frauen anschließen, dass du glauben musst, bei uns würden nur Engel wohnen. Ich bin mir ziemlich sicher, dass genügend Frauen sich mit voller Kraft und offenem Herzen dafür einsetzen würden, aus dem bestehenden Weltbild ein besseres zu machen. Glaube mir, liebste Mutter, uns Frauen reicht es langsam, was auf dem Globus mittlerweile passiert. Diese ständigen Kriege, der Hass, der oft auch bewusst geschürt wird, die Verarmung und Unterdrückung ganzer Völker - wem haben wir das zu verdanken? Sicher nicht der weiblichen Energie. So viel steht schon mal fest!

Womit ich für heute zum Thema komme.

Es wird höchste Zeit, liebe Maria, dass Frauen, die deine Eigenschaften verkörpern möchten, sich zusammentun, um gemeinsam eine bessere Welt zu kreieren. Eine Welt, in der Kinder nicht hungern müssen, und in der sie frei von Zwängen, Dogmen und Ängsten heranwachsen können, um ihre ureigenste Bestimmung zu leben.

Mein Gott, Maria, wenn du wüsstest, wie viele Frauen es gibt, die sich solch eine bessere, friedvollere Welt wünschen, du würdest nicht eine Sekunde lang zögern, mir zu antworten. Du, geliebte Mutter, bist ja schließlich prädestiniert dazu, Frauen zu motivieren, sich in Liebe zusammenzuschließen.

Es gibt im Internet schon sehr viele Lichtkreise und Pools reiner Herzensliebe, die sozusagen eine kostenlose Hotline-Nummer zur göttlichen Quelle sind, mit der sich jeder ohne Vorkenntnisse verbinden kann. Ich möchte mich diesen Vorbildern gerne anschließen und einen Briefkastenpool gründen, wo jene Frauen sich ausdrücken können, die gewillt sind, deine Eigenschaften in ihrem Leben zu integrieren und an ihr Umfeld weiterzugeben. Du weißt schon, Liebe, Barmherzigkeit, Mitgefühl - zuerst an ihre Kinder und Angehörigen, an Freunde und Bekannte, um schließlich durch ihr Vorbild zum Wohl aller beizutragen. Für eine bessere Welt, als es die jetzige ist.

Es gibt sicherlich genug Frauen, die noch Fragen an dich hätten oder sich ihre Probleme und Ängste gerne einmal einfach nur von der Seele schreiben würden. Viele tun dies aber nicht, weil sie nicht daran glauben, dass ihre Briefe bei dir ankommen. Ich erkläre mich hiermit bereit, diese Briefe jeden ersten Sonntag im Monat um 19.00 Uhr in einer Marien-Meditation, an der sich alle beteiligen können, in deine Hände zu legen.

Wer also eine Frage/ein Problem hat, das er dir übergeben möchte, kann dies unter der Mailadresse

**anmariaimhimmel@ainet.at**

tun, oder einen Brief an folgende Postanschrift schicken.

Heidrun Siebenhofer
Granitzenweg 13y
A-8740 Zeltweg

Wärst du, geliebte Mutter bereit, dieses mit deiner göttlichen Energie zu unterstützen? Ich bin schon so gespannt auf deine Antwort.

Liebste Maria, mein erster Brief ist etwas lang geworden, aber es ging nicht anders. Ich hätte sonst nicht gewusst, wohin mit dem Druck auf dem Herzen, und da dachte ich mir, nur du kannst helfen. Ich bin auch gerne bereit, dir zu helfen, wenn du etwas auf dem Herzen hast. Vielleicht kann ich dir ja auch behilflich sein. Das würde mich sehr freuen.

Egal, wie deine Antwort an mich ausfallen wird, sei versichert, liebste Maria, dass ich größte Hochachtung vor dir habe und sehr froh darüber bin, dass es dich gibt.

In tiefer Liebe und Verbundenheit,
deine Heidrun

***Gott zum Gruß, geliebte Menschenseele!***
***Liebste Aliana Kara,***

*ich bedanke mich sehr herzlich für deinen Brief.*

*Ich werde mir größte Mühe geben, deine Fragen zu beantworten, und möchte gleich vorausschicken, dass ich mir sicher bin, dass es einen regen Briefwechsel zwischen uns geben wird, damit ich auf alle deine Fragen eingehen kann. Habe ich recht?*

*Ich danke dir auch für dein Entgegenkommen, die Briefe der menschlichen Engel in einer Meditation an mich weiterzuleiten, und werde meine ganze Kraft einbringen, um den Frauen auch auf diese Weise Unterstützung und Hilfe zukommen zu lassen.*

*Deine Ansicht, ich sei nur ein schmückendes Beiwerk, ist nicht richtig. Denn weißt du, ALLES, wirklich alles, ist aus Gottes Liebe hervorgegangen: Welten und Meere, himmlische Wesen, Menschen, Tiere, Pflanzen und Geistwesen, einfach Alles-was-ist.*

*Daher gibt es keine Trennung, das verstehst du sicher, oder? Da ich mit meinem göttlichen Schöpfer eins bin, fühle ich mich auch nicht als schmückendes Beiwerk. Der göttliche Lichtfunke ist in jedem Menschen, ja, auch in den sogenannten „bösen Menschen“. Da muss ich, glaube ich, auch etwas richtigstellen. Nicht Gott schickt böse Menschen auf die Erde. Jede Seele ist reines Licht, wenn sie erschaffen wird. Und sie weiß das auch, so lange sie sich in ihrer himmlischen Heimat aufhält. Doch jede Seele will lernen und begibt sich deshalb auf eine Reise namens*

*Erdenleben. Und glaube mir, geliebtes Menschenkind, es geschieht mehr als einmal, dass Engel eine solche Reise auf sich nehmen. Und mit jedem Erdenleben mehr lernt die Seele aus ihren Erfahrungen. Wenn die Menschen wüssten, dass es keine wirkliche Trennung gibt, würden sie sich nicht so oft selbst das Leben schwer machen. Gott, unser Vater, schenkt der Seele bei ihrem Eintritt ins Erdenleben das Vergessen woher sie kommt und was sie schon erlebt hat. Das ist ein Geschenk. Oder möchtest du wirklich wissen, wie oft du schon „Böses" verkörpert hast? Niemand wird böse geboren, meine Liebe. Es sind die Gedanken und Handlungen, die zu den Dingen und Ereignissen in eurem Leben werden. Also, macht bitte nicht Gott für euer Denken und Handeln verantwortlich.*

*Und wisse, auch wenn es für dich schwer verständlich ist, dass Schicksalsschläge Herausforderungen sind, die Schätze in sich bergen. Sie geschehen nur dann, wenn du bereit bist, zu wachsen - über dich und deine begrenzenden Glaubensmuster hinaus, um mehr Licht in dich aufzunehmen. Deine Idee, die an die Mail-beziehungsweise Postadresse eingegangenen Engelbriefe an mich weiterzuleiten, ist wirklich sehr gut. Ich freue mich schon darauf. Ihr lebt jetzt im Internet-Zeitalter, nutzt es im positiven Sinne. Ich versichere dir, dass ich damit auch umgehen kann.*

*Das Geheimnis, wie man es schafft, eine bessere Welt zu kreieren, besteht darin, damit anzufangen, im eigenen Umkreis das Leben zu führen, das einer besseren Welt zugrunde liegt. Eine Welt voller Frieden ist das, was ich euch wünsche. Beginnt damit in eurer Familie, in eurem Umfeld. Und ich werde, so ihr es wünscht, euch alle darin unterstützen, mit all der Kraft, die mir zu eigen ist. Vereint euch, habt Freude am Leben, lacht und seid frohen Mutes. Steht zu euren Träumen und verwirklicht sie. Ihr könnt es schaffen, und ihr wisst es. Grenzen setzt euch nur euer Denken.*

*In den kommenden Jahren geht es insbesondere darum, dass die Frauen wieder ihr weibliches Urpotenzial entfalten und bereit sind, ihre Liebe und Kraft zum Wohle aller einzusetzen. Ihr steht am Beginn eines neuen Zeitalters, in dem die Frauen vermehrt das Zepter ergreifen und ihre Macht nutzen sollten, um die Welt lichtvoller und somit lebenswerter zu machen. Ihr solltet bereit sein, in allen Bereichen des Lebens heilsame Neuerungen einzuführen, denn dadurch könnte die männliche Dominanz des Herrschens und Bekriegens beendet werden.*

*Frauen sollten mehr zu ihren spirituellen Wurzeln zurückfinden und eine tiefere Verbindung zu den weiblichen spirituellen Kräften und Wesenheiten aufbauen, die in der Natur und auf dem ganzen Planeten wirken und ihn beseelen. Ich rufe euch auf, die Zerstörung der Natur zu stoppen und das Paradies auf Erden zu erschaffen! Es liegt doch in eurer Natur, in Harmonie miteinander zu leben und zu wirken.*

*Bedenkt, dass eure bloßen Gedanken das Licht in sich tragen. Schon eure Vorstellung von einer Welt voller Frie-*

*den in gegenseitigem Respekt hebt die Schwingung eures Planeten an und trägt das Licht der Erde.*

*Ich sehe in jeder von euch das Wertvollste, den Teil von Gott, der in euch ist. Ich bin eure Mutter, eure Schwester. Jede Frau ist ein Erdenengel, der seine Bestimmung lebt.*

*Ihr lebt in einem Zeitalter größter Veränderungen. Jetzt ist eine bedeutende Zeit, in der so viele sich weiter entwickelnde Menschen das kollektive Bewusstsein beeinflussen, indem sie in ihrem alltäglichen Leben die Liebe in ihre Handlungen einfließen lassen. Herzöffnungen auf höchstem Schwingungsniveau sind nun möglich, und viele Erzengel begleiten und helfen euch, sich auf das Wesentliche zu konzentrieren und das loszulassen, das keine Herzenergie in sich trägt.*

*Geliebte Aliana Kara, meine Liebe und die deiner Engel trägt und stützt dich bedingungslos, wenn du bereit bist, dein Herz für uns zu öffnen und alte emotionale Verstrickungen loszulassen. Höre in dein Herz hinein, dort erhältst du meine Botschaften, die dir helfen, ein Zündfunke neuer Visionen zu werden.*

*Mit unaussprechlicher Liebe verbleibe ich,*
*deine Maria*

*PS: Aliana Kara ist dein Engelname.*

# Über Frauen, die sich für andere aufopfern

Geliebte Gottesmutter!
Liebste Maria,

ich bedanke mich sehr herzlich für deine Antwort, mit der ich nicht wirklich gerechnet habe. Aus dem einfachen Grund, weil ich mir denke, dass du sicherlich Besseres zu tun hast, als dich mit mir zu unterhalten. Ich brauche ja nur mich selbst als Beispiel zu nehmen. Zuerst wollte ich dir sofort antworten, aber mittlerweile sind schon wieder vierzehn Tage ins Land gegangen, ehe ich dazu komme.

Vor allem sage ich dir ein ganz besonderes Dankeschön, dass ich meinen Engelnamen erfahren durfte. Er fühlt sich in meinem Herzen außerordentlich gut an.

Weißt du, liebe Maria, auch wenn ich nicht im täglichen Berufsstress eingespannt bin, so habe ich mit Haushalt und Familie doch genug um die Ohren, dass ich gewisse Prioritäten setzen muss, damit ich alles schaffe, was ich mir so für den Tag vornehme. Bitte, sei mir also nicht böse, dass ich nicht sofort auf deinen Brief geantwortet habe. Ich werde mir in Zukunft mehr Mühe geben.

Natürlich, schreibe ich dir auch heute nicht ohne Grund: Weißt du, in meinem Bekanntenkreis ist eine Frau, deren Handlungsweise ich weder verstehen noch nachvollziehen kann. Sie ist, wie man bei uns umgangssprachlich sagt, eine Seele von Mensch; hilfsbereit und freundlich, immer für andere sorgend - im Speziellen für ihren Mann und ihre Kinder–, und dabei ist sie dankbar für jede Geste der Liebe, die man ihr entgegenbringt. Ich frage dich, Maria, was sagst du zu so viel Ungerechtigkeit? Da tut diese Frau alles für ihren Mann, und wie dankt er es ihr? Überhaupt nicht! Er ist ein aufbrausender, herrischer Typ, dem das Wort „Rücksichtnahme“ fremd ist. Stets muss sich alles um ihn drehen, und diese Perle von Frau macht das ohne nennenswerte Gegenwehr. Ja, im Gegenteil, sie verteidigt ihn auch noch, wenn man über ihn schimpft. Verstehst du diese Handlungsweise, liebe Gottesmutter? Da heißt es in der Bibel, der Mensch ist nach Gottes Ebenbild geschaffen, das kann bei einem solchen Mann aber nicht wirklich stimmen, habe ich recht? Und was uns Frauen betrifft, nehme ich an, wir sollen deine Schönheit, Liebe und Demut widerspiegeln. Aber ist es richtig, dass Demut so weit geht wie im Fall der Frau, von der ich dir gerade erzähle?

Vielleicht kannst du mir etwas dazu sagen, damit ich ihre Handlungsweise verstehen kann.

Liebe Mutter, mir brennen noch sehr viele Fragen auf der Seele, aber du hast sicher jede Menge anderer Bitten von Menschenkindern. Aber es ärgert mich, dass es Männer gibt, die sich noch immer wie Paschas aufführen – und das in der heutigen Zeit.

Ich bedanke mich schon im voraus ganz herzlich für deine Antwort.

In inniger Liebe,
deine Aliana Kara

***Gott zum Gruß, geliebte Menschenseele!***
***Liebste Aliana Kara,***

*schön, dass du doch noch Zeit gefunden hast, mir zu schreiben. Du weißt, ich habe stets ein offenes Ohr für die Belange aller Menschen, und ja, natürlich, ganz besonders für die der Frauen. Glaube mir, geliebte Schwester, es tut mir im Herzen weh zu sehen, wie viele Frauen es gibt, die eigene Wünsche und Sehnsüchte zurückstecken, um nur für andere da zu sein. Dagegen ist ja im Grunde nichts einzuwenden, wenn das auch ihr eigener Wunsch ist. Das ist jedoch bei vielen Frauen nicht der Fall. Sie tun es, weil es von ihnen verlangt wird und sie nicht die Kraft haben, ihr Leben selbstbewusst in die Hand zu nehmen.*

*Fürsorge in Partnerschaft und Familie ist etwas sehr Schönes, so lange auch die eigenen Bedürfnisse nicht zu kurz kommen. Immer muss auch Zeit und Muße dafür sein, sein eigenes spirituelles und menschliches Wachstum voranzubringen, denn jede Seele ist deshalb auf Erden, um eigene Erfahrungen zu machen, um Kenntnis zu erlangen, dass sie ein wundervoller Engel ist. Frauen, die auf ihre eigenen Wünsche und Bedürfnisse verzichten, weil sie sich nicht trauen, zu ihnen zu stehen, verleugnen ihre Schöpferkraft, die ihnen von Gott für dieses Leben mitgegeben wurde. Jede Frau hat die Macht, ihr Leben nach ihren Vorstellungen und Wünschen zu kreieren, und wenn sie das nicht tut, ist es ihr eigener Entschluss, der zu respektieren ist. Wenn eine Frau so einer Situation entkommen möchte, wenn sie dies wirklich will, gibt es immer*

*Möglichkeiten und mitfühlende Seelen, die bereit sind, ihr zu helfen. Wenn sie um meine Hilfe bittet, werde ich keine Sekunde zögern, sie ihr zuteil werden zu lassen. Aber ohne ihre Bitte und ihren festen Wunsch nach Veränderung kann ich nicht eingreifen. Du weißt schon, der freie Wille, den Gott euch gegeben hat!*

*Das gilt übrigens für alle Bitten, die ihr an Gott und an die Engel richtet. Vergesst niemals, dass ihr darum bitten sollt, weil die Geistige Welt ohne eure Aufforderung nicht eingreifen wird. Und vergesst bitte nicht, euch für diese Hilfe auch zu bedanken. Nehmt es nicht als Selbstverständlichkeit hin, dass die Geistwesen von der anderen Seite euch helfend zur Seite stehen. Sie tun es aus großer Liebe zu jedem von euch, und sie freuen sich, wenn ihr das mit eurem Dank ausdrückt, denn Dankbarkeit ist auch ein Schlüssel, um an der Fülle des Universums teilzuhaben.*

*Zu deiner aktuellen Anfrage möchte ich noch etwas anmerken. Es ist so schade, dass viele Frauen lieber in der Knechtschaft einer unglücklichen Beziehung bleiben, als das Risiko einer Veränderung auf sich zu nehmen. Denn ohne einen Wandel in ihrem Denken wird sich an der Situation der Betreffenden nichts ändern. Jede Frau hat die Möglichkeit, ihre Wünsche dem Partner und der Familie gegenüber zu äußern, wenn es sein soll, auch einmal konsequent. Doch es gibt viele Frauen, die lieber schweigen und dulden und es dadurch dem Partner ermöglichen, sein despotisches Verhalten fortzuführen. Wovor nur haben diese Frauen Angst? Davor, allein zu sein oder in den Augen anderer schlecht dazustehen?*

*Wisse, meine geliebte Schwester, es ist nicht wichtig, was andere über dich denken, denn dies ist nur eine menschliche Bewertung. Die Frauen dieser Welt rufe ich auf, in sich hineinzuhören und zu fühlen. Sie werden dann erfahren, welch großartige Seelen sie sind: lichtvoll, schöpferisch, einzigartig. Ja, einzigartig! Und wenn das einer Frau erst einmal in ihrem tiefsten Sein bewusst wird, legt sie keinen Wert mehr darauf, wie andere Menschen sie beurteilen. Dann hat sie die Kraft, zu ihren Wünschen und Sehnsüchten zu stehen, und wird alles dafür tun, um diese auch zu verwirklichen. Und wenn sie erst einmal so weit ist, sich der Veränderung zu stellen, wird sich alles so fügen, wie es für ihr Wachstum am besten ist. Auch wenn dies bedeutet, dass mancher Partner vor die Wahl gestellt wird, sich ebenfalls zu verändern oder sich mit der Tatsache abzufinden, dass ein Zusammenleben in der alten Form nicht mehr möglich ist. Das kann auch für den Partner der Ansporn sein, sich mit seinen Eigenschaften, seinem Leben und seiner Bestimmung auseinanderzusetzen.*

*Zusammenfassend möchte ich dir sagen, dass es nicht immer Demut ist, die diese Frauen auszeichnet, sondern oft mangelnde Bereitschaft zur Selbstbestimmung. Wenn Frauen nicht von sich aus bereit sind, sich zu verändern, musst du das akzeptieren, denn du weißt ja: Des Menschen Wille ist sein Himmelreich (oder auch nicht!). Aber es ist immer die Entscheidung des Einzelnen. Und bitte, meine Liebste, urteile nicht über diese Frau und andere, denn Urteilen und Bewerten entfernt dich von deiner eigenen Göttlichkeit.*

*Ich umarme dich und drücke dich an mein liebendes Herz,*

*Maria*

# Über Transformation für Körper und Erde

Liebste Gottesmutter!
Geliebte Maria,

ich danke dir von Herzen für deine Antwort. Es ist mir sehr wohl bewusst, dass es ein Privileg ist, dass du mir antwortest. Danke!

Liebe Mutter, ich bin etwas durcheinander. In meinem Leben geschieht in diesem Moment so viel, das ich mir nicht erklären kann. Ich habe gelesen, dass neue, lichtvolle Energien auf die Erde einfließen, wodurch wir Menschen mit den unterschiedlichsten Beschwerden konfrontiert werden. Genauso geht es mir. Mal zwickt es hier, mal sticht es an einer anderen Stelle, dass ich meine, jemand arbeite ohne Betäubung an meinen Gelenken oder Organen. Und gewisse Krankheiten nehmen rapide zu, wie zum Beispiel die Allergien. Stimmt das wirklich alles, was ich darüber lese? Dass unsere Körper von geistigen Führern den lichtvolleren Schwingungen angepasst werden, und dass dies nicht immer ohne gelegentliche Beschwerden vonstatten gehen kann? Das wäre ein Ding!

Außerdem liest und hört man sehr viel davon, dass die Erde einen gewaltigen Umwandlungsprozess durchmacht, der notwendig ist, damit auch sie sich in die nächsthöhere Dimension erheben kann. Geliebte Maria, ist es wirklich notwendig, dass eine Transformation solche Umweltkatastrophen zur Folge hat? Geht es nicht ein bisschen weniger zerstörerisch?

In enger Verbundenheit,
deine Aliana Kara

***Gott zum Gruß, geliebte Menschenseele!***
***Liebste Aliana Kara,***

*bevor ich deine Fragen beantworte, möchte ich etwas klarstellen: Empfinde es bitte nicht als Privileg, dass ich dir antworte, geliebter Erdenengel, denn ich antworte auf alle Gebete und Fragen. Es ist nur so, dass viele Frauen nicht so intensiv in sich hineinhören, wie du es tust. Deshalb sind sie sehr oft der Meinung, ihre Fragen und Gebete würden von mir nicht gehört oder sie verfallen gar der unsinnigen Meinung, sie wären es nicht wert, dass ich das Wort an sie richte.*

*Bitte, geliebte Seele, sorge in deinen Veröffentlichungen dafür, dass alle Frauen auf Erden (wir sprechen in diesem Fall nur von euch Frauen) erkennen, dass sie wertvoll sind. Jede Einzelne sollte sich für eine Kommunikation mit mir öffnen. Dazu sollte sie bereit sein, meine feine Stimme in ihrem Herzen zu vernehmen. Denn dort, und nur dort, bekommt sie Antworten auf ihre Fragen und Gebete.*

*Nun zu deiner Fragestellung:*

*Ich will mich bemühen, dir so zu antworten, dass du ein Verständnis darüber erlangst, wie das Universum agiert.*

*Ja, in dieser Zeit geschehen große Wandlungen auf Erden, sowohl was die Frequenzveränderungen, als auch die globalen Veränderungen angeht, die dir und den meisten Menschen Angst machen.*

*Der Wandel, der jetzt überall auf eurem Planeten ein-*

*gesetzt hat, fordert eine Neuanpassung wie auch eine Neuausrichtung auf allen Ebenen. Eure Zellen sind dabei, sich dem anzupassen, was auf energetischer Ebene vor sich geht. Vieles ist jetzt in Bewegung oder löst sich auf. Kristalline Strukturen lösen die materiellen ab und führen Mensch und Planet in die nächsthöhere Schwingung, die von Liebe und Mitgefühl getragen sein wird. Das geht nicht immer ohne innere und äußere Kämpfe ab. Seelen, die sich auf diese Veränderungen einstellen, werden diese Phase ein wenig leichter bewältigen, weil ihre Denkweise bereits das Verständnis der Dritten Dimension, das ausschließlich den Glauben an eine physische Realität beinhaltet, hinter sich gelassen hat. Und manche erleben eine bestimmte Krankheit, wie zum Beispiel eine Allergie, weil sie Teil der Abmachung ist, die diese Seele vor ihrer Wiederverkörperung getroffen hat. Um diese Seele anzuregen, mehr nach innen zu gehen, um sie dazu anzuhalten, Empfindsamkeit zu fühlen, um zu lernen, dass sie Geist ist, der sich ausdrückt und ausdehnt. Bewusstsein und Planet sind in einer Phase der Evolution, der Transformation zulässt. Es ist ein Öffnen und Ausdehnen mit Auswirkungen.*

*Das, was du Zukunft nennst, geliebte Seele, bringt Harmonie, bessere Gesundheit für alle Menschen und die Erkenntnis, dass alles Leben und Sein aus derselben Quelle hervorgehen. Dieses neue Denken führt unweigerlich dazu, anzuerkennen, dass der Mensch eins ist mit allem. Diese Einstellung wird das Leben auf Erden beträchtlich verändern. Es wird Kriege, Hass und Verfolgung unnötig machen, denn wenn der Mensch erkennt, dass er eins ist mit allem und jedem, weshalb sollte er mit anderen dann Krieg führen? Das Bewusstsein vieler Menschen öffnet sich immer mehr für die Hilfe aus der Geistigen Welt und erhält dadurch Inspiration und Beistand von uns. Eure geistige Kommunikation mit uns wird sich immer weiterentwickeln und eine Brücke zwischen eurer und unserer Welt schlagen, wodurch mehr Licht auf die Erde einfließen kann.*

*Geliebte Aliana Kara, die Geistige Welt arbeitet derzeit intensiv an der Schwingungserhöhung der gesamten Menschheit, und sie bittet darum, euch aktiv daran zu beteiligen. Klärt eure Gedanken, klärt euer Umfeld und die eigenen Lebensumstände. Was aus Kleinem entsteht, hat die Macht, zu Großem heranzureifen. Zu etwas, das Bestand hat. Und das ist es, was wir euch und eurem Planeten wünschen. Eine dauerhafte, friedvolle und harmonische Erdenzeit, wo künftig Entscheidungen aus dem Herzen heraus getroffen werden.*

*Mein geliebtes Kind, deshalb ist jetzt auch die Zeit gekommen, loszulassen. Was immer du loswerden möchtest, lege es in meine Hände. Dort ist es gut aufgehoben. Ich gebe es weiter in die heilenden Hände des göttlichen Vaters. Er reinigt und wandelt es um, und er schickt dir neue, heilige Energien, die dich befähigen, das Leben auf eine neue, liebevollere Art zu sehen. Ich bitte dich, lass los und öffne dein Herz für die Liebe.*

*Sage den Menschen, die deinem Herzen nahe stehen, öfter, dass du sie liebst. Denn wisse: Worte der Liebe, die du nicht aussprichst, könnten zu einer späteren Zeit zu großen und schmerzvollen Begleitern werden.*

*Ich bin stets in tiefer Liebe bei dir,*
*Maria*

## Wie ist das mit dem Seelenplan?

Liebste Gottesmutter!
Geliebte Maria,

ich danke dir von Herzen für deine Antwort. Verzeih, wenn ich oft nicht die richtigen Ausdrücke finde, die deinem herrlichen Licht gerecht werden. (Bitte entschuldige, dass ich schon wieder in mein altes Muster zurückfalle. Ich weiß ja, dass du niemals böse auf mich bist, egal, welchen Unsinn ich auch sage beziehungsweise schreibe.)

Liebste Maria, heute habe ich eine Frage, die mich seit einiger Zeit sehr beschäftigt. Ich hätte so gerne gewusst, wie das mit meinem Seelenplan ist. Ich habe gehört, dass sich jeder Mensch vor seiner Geburt seine Lebenserfahrungen aussucht. Das kann ich mir ganz gut vorstellen, wobei ich allerdings noch gewisse Probleme damit habe, wie das bei tragischen Geschehnissen zu verstehen ist. Wenn zum Beispiel ein Kind entführt, vergewaltigt oder getötet, oder von einer heimtückischen Krankheit heimgesucht wird. Willst du wirklich behaupten, dass sich ein Kind solch ein Schicksal aussucht? Ich grübele sehr oft über den Sinn meines Lebens nach und darüber, welchen Sinn all das hat, was in meinem unmittelbaren Umfeld passiert.

Geliebte Muttergottes, ich würde mich sehr freuen, wenn du mir antworten könntest. Sicher hast du jede Menge zu tun, aber ich weiß ja inzwischen, dass deine Energie keine Grenzen kennt und immer da ist, wenn man nach ihr ruft.

Ich sage schon einmal herzlichen Dank und umarme dich in meinen Gedanken.

Deine Aliana Kara

**Gott zum Gruß, geliebte Menschenseele!**
**Liebste Aliana Kara,**

*da hast du dir ein Thema ausgesucht, das nicht mit wenigen Worten beantwortet werden kann. Aber ich will versuchen, es zu erklären, auch wenn es für die Menschen, die noch nicht ganzheitlich denken, schwerer verständlich ist.*

*Aliana Kara, jeder sucht sich Leben für Leben die Menschen für seine Lektionen auf der Erde aus, die er am meisten liebt. Er wählt seine kulturelle Umgebung aus, seine Eltern und Geschwister, und er wählt seine Erfahrungen. Und wenn zum Beispiel ein Mensch mit einer körperlichen Schwäche geboren wird, hat er sich das für dieses Leben als Lernerfahrung ausgesucht. Und es ist sicherlich eine Co-Kreation, wenn sich Menschen in einer Familie mit einer körperlichen Schwäche zusammenfinden. Das bietet diesen Beteiligten die Möglichkeit zu lernen, dass der Körper einen nicht einschränkt.*

*Vergiss nicht, Kara, dass dieses Leben nur ein Teilstück, eine Erfahrung unter vielen Leben ist. Jedes Mal, wenn du neu geboren wirst, tust du das einer neuen Erfahrung wegen.*

*Du kommst immer wieder zurück, um neue Erfahrungen zu machen. Jedes Mal, um das anzunehmen, was du vorher noch nicht annehmen konntest. Auf diese Weise warst du tatsächlich schon Mutter und Vater, jede Rasse, Mörder und Opfer. Jeder weiß auf der Seelenebene genau, was und wie etwas auf ihn zukommt. Es gibt Seelen, die sich wegen des ausdrücklichen Wunsches zu lernen, eine schwierige Inkarnation erschaffen. Um Mitgefühl zu lernen, um Annehmen zu lernen – um Ausdehnung, Akzeptanz und Zulassen zu lernen. Es kann sein, dass sich ein Kind auf der Seelenebene entscheidet, dass seine Erfahrungen mit der Familie nur wenige Jahre dauern sollen. Es wünscht sich deshalb nur einen begrenzten Zeitraum, um die Erfahrung zu machen, die es auf diese Art vorher nicht machen konnte. Jede Seele stellt sich die Begegnungen und Erfahrungen zusammen, kein anderer ist an den Stolpersteinen, die an euren Wegen liegen, schuld – alles ist gewollt.*

*Denn wisse, alles ist ein Ausdruck des Göttlichen. Im größeren Plan aller Dinge führt alles zur Einheit. Es geht nicht nur um dieses jetzige Leben; du erschaffst alle Leben, damit du annehmen und loslassen lernst und das Licht erkennst, das du bist. Denn das Band der Liebe, das du mit deinen Familienmitgliedern während Äonen geknüpft hast, bleibt ewiglich bestehen. Und du musst wissen, dass du auf der Seelenebene den Wunsch haben kannst zu gehen, wenn die Lektion einmal gelernt ist. Weil es dann für dich nicht mehr nötig ist, länger dazubleiben. Dies als Wahrheit anzunehmen, ist nicht einfach. Es ist über Wiedergeburt und Karma schon sehr viel geschrieben worden, und ich kann dir nur raten, dich Stück für Stück mit diesen Wahrheiten auseinanderzusetzen. Fühle in dich hinein und spüre, welche Aussagen sich in deinem Herzen gut anfühlen. Auch wenn das bedeutet, dass dein Weltbild hier und da auf den Kopf gestellt wird. Im größe-*

*ren Kontext ist es leichter zu verstehen, warum manche Dinge so geschehen, wie sie geschehen.*

*Kommen wir nun zu deinem Seelenplan.*

*Dein Seelenplan sieht vor, dass du deine kreative Kraft einsetzt, um anderen Menschen zu helfen, ihr Licht zum Leuchten zu bringen. Dies kann, wie du sehr wohl weißt, auf vielerlei Arten geschehen. Nicht nur durch Worte und Schriften, auch durch Dinge, zu denen du von uns inspiriert wirst. Sie alle tragen dazu bei, dass das Licht verbreitet wird und Menschen Liebe zulassen.*

*Die Energien, die in dieser Zeit auf die Erde einfließen, sind von ganz besonderer Art. Sie zwingen jene Menschen, die bereit sind, dem Ruf ihrer Seele zu folgen, in nahezu atemberaubendem Tempo, sich der Veränderung zu stellen. Eure Körper werden, wie schon gesagt, umgewandelt und den veränderten Schwingungen, die immer leichter werden, angepasst. Diese Umwandlung verursacht aber bei denen, die noch nicht bereit sind, manches Mal ein Chaos. Das ist nicht schlimm, denn auch sie werden dadurch einen Schubs in die lichtvolle Richtung bekommen.*

*Geliebte Seele, du bist nicht nur Körper - du bist grenzenloser, schöpferischer Geist, der sich in einem menschlichen Körper ausdrückt. Das zu erkennen ist sehr wichtig für dich. Es zeigt dir, wie groß und unbegrenzt du sein kannst, wenn du als göttliches Wesen denkst und handelst, und nicht als das Wesen, von dem du bis jetzt dachtest, es zu sein.*

*Wenn du aus deinem grenzenlosen Bewusstsein heraus handelst, wirst du feststellen, dass du große und einmalige Dinge in dein Leben ziehst. Das Gesetz der Anziehung reagiert auf dein Denken und bringt dir das Gewünschte.*

*Wisse, für einen schöpferischen Geist gibt es keine Begrenzung. Er ist weites Land, das erst bepflanzt werden soll. Es liegt an dir, wie du dieses Land gestaltest. Du weißt ja nun, dass dir keinerlei Grenzen und Beschränkungen auferlegt sind, wenn du aus deinem veränderten Bewusstsein heraus handelst. Lerne damit umzugehen und sei bestrebt, stets die Liebe bei allem neuen Tun und Denken einfließen zu lassen. Liebe ist der Dünger, der allen deinen Gestaltungen erst Leben einhaucht und deine Visionen zum Blühen bringt.*

*Die Erde braucht viele lichtvolle Seelen, um den Dimensionswechsel vollführen zu können. Sei ein leuchtendes Beispiel, dem nachzufolgen sich lohnt. Es mag dir nicht bewusst sein, doch dein Verhalten ist für andere ein Ansporn, es dir nachzumachen. Es ist der Beginn dessen, was dein Seelenplan beinhaltet: Menschen zu helfen, sich für das Licht zu öffnen. Du hast noch sehr viele verborgene Talente und Gaben in dir, die sich dir erst zeigen werden.*

*Sei versichert, dass du nie alleine bist. Deine geistigen Führer sind immer um dich und helfen dir, mit den Veränderungen umzugehen.*

*Es ist so viel Wunderschönes, das bereit ist, sich in deiner Welt zu materialisieren. Es wird von deinem Licht und von deinem Bewusstsein angezogen, und es zeigt sich dir, wenn der Zeitpunkt da ist, an dem es geschehen soll. Nichts bleibt dem sogenannten Zufall überlassen. Alles geschieht so, wie Gott es in seiner Weisheit geplant hat und dem du vor deiner Geburt zugestimmt hast.*

*Könntest du dein Licht sehen, geliebte Seele, du würdest freudig die Hände zusammenschlagen und Begeisterung zeigen, wie nur Kinder sie in ihrer Unschuld zeigen können. Erkenne an, dass du eine von uns bist, die die Lektionen des Getrenntseins erfahren will, und die in diesem Moment bereit ist, diese auch zu meistern.*

*Erkenne, wozu du fähig bist, und setze deine ganze schöpferische Kraft ein, um deinen Seelenplan zu erfüllen – in Liebe zu Allem-was-ist.*

*Ich umarme dich in tiefer Verbundenheit,*
*Maria*

# Wie komme ich in meine Mitte?

Verehrte Gottesmutter!
Geliebte Maria,

deine Antwort, liebe Gottesmutter, ist schwere Kost, und ich bin noch immer dabei, sie zu verdauen.

Sicher, wenn man bedenkt, wie unterschiedlich Leben ausgedrückt werden, kommt Verständnis auf. Aber auch nur deswegen, weil ich daran glauben will, dass wir immer wieder neu geboren werden. Wenn wir schon viele Leben gelebt und dabei unterschiedlichste Erfahrungen gesammelt haben, ist es erklärlich, weshalb mancher Mensch mit schwerer Behinderung und oft in schlimmster Not sein Leben fristet, während einem anderen Glück und Erfolg scheinbar spielend in den Schoß fallen – weshalb sich Seelen in einem Kriegsgebiet inkarnieren oder dort, wo Hunger und Durst allgegenwärtig sind.

Verstehe ich es richtig, dass dies passiert, weil Menschen diese spezielle Erfahrung noch nie durchlebt haben und wissen wollen, wie sich so etwas anfühlt? Und dass jemand, der zum Beispiel als Entwicklungshelfer in Afrika oder in den Slums von Großstädten arbeitet, deshalb das Bedürfnis hat, genau dort zu wirken, weil das Teil seiner Bestimmung ist?

Liebste Gottesmutter, ich bin sehr froh, dass ich mir mein Leben so, wie ich es führe – in einem Umfeld frei von Angst und Not – ausgesucht habe.

Natürlich möchte ich nicht schließen, ehe ich an dich eine neue Frage gestellt habe. Ich weiß ja inzwischen, dass du für mich eine sogenannte Engelsgeduld aufbringst. Das ist in meinem Umfeld nicht immer der Fall, und, ich gestehe es, auch ich bin nicht immer frei von Ungeduld. Es ist aber auch nicht leicht, in der heutigen Zeit in seiner Mitte zu sein. Da haben es die Engel natürlich einfacher, sie werden weder von Stress noch von den Medien abgelenkt.

Also, liebste Maria, was muss ich tun, um in meine Mitte zu kommen? Ich denke mir, dann würde ich viel leichter mit manchen Problemen fertig werden, oder etwa nicht?

Herzlichst, deine sehr ergebene
Aliana Kara

***Gott zum Gruß, geliebte Menschenseele!***
***Liebste Aliana Kara,***

*deine Frage klingt einfach, ist sie aber nicht. Es ist weit mehr dahinter, als du vermuten wirst. Ich möchte dir auch vorschlagen, das Wort „muss“ gegen das Wort „soll“ auszutauschen. Du hast den freien Willen von Gott bekommen, und du solltest alles, was du tust, mit Freude tun, und nicht, weil du es tun musst. Ich weiß schon, dass dies nicht immer so einfach ist, wie es klingt, aber wenn du dir das in Zukunft vor Augen hältst, dann wirst du mit der Zeit eine andere Einstellung bekommen, und es wird dir leichter fallen, etwas mit Freude zu tun.*

*Um in deine Mitte zu kommen, geliebte Aliana Kara, bedarf es eines Umdenkens. Es liegt nicht an deinem Umfeld, das dich in Stress versetzt, es liegt an dir, weil du es zulässt.*

*Du hast es in der Hand, dein Leben zu gestalten. Wenn du begierig bist, zu sehen, zu hören oder zu lesen, was es alles an „Neuigkeiten“, die ja mehrheitlich nur negativen Inhalts sind, in der Welt und in deinem Umfeld gibt, dann darfst du dich nicht wundern, dass sich negative und stressbringende Schwingungen in deinem Energiefeld befinden. Medien haben es an sich, dass sie die Sensationslust und Neugier im Menschen wecken. Doch wenn du dich damit beschäftigst, richtest du deinen Fokus auf diese Energie. Und worauf du deine Energie richtest, das ziehst du in dein Leben. Wenn du das nicht möchtest, kann ich dir nur raten, deine Neugier zu bezähmen und dich stattdessen mit dir selbst zu beschäftigen. Damit vermeidest du auch, dass du in die Energie des Bewertens und Verurteilens abdriftest, die dein spirituelles Wachstum behindert. Meine Worte sollen eine Anregung sein, dich selbst zu erforschen, damit du erkennst, wie du dein Leben leichter gestalten kannst.*

*Gehe in die Natur, meditiere, höre schöne Musik. Die Schwingung von Musik ist Heilung und breitet sich überall dorthin aus, wo sie im physischen und feinstofflichen Körper gebraucht wird. Junge Menschen befinden sich noch in einer ganz anderen spirituellen Entwicklungsstufe wie ältere, was den unterschiedlichen Musikgeschmack erklärt. Die meisten jungen Menschen reagieren auf Rock, Jazz und Popmusik – deiner Meinung nach eine unverständliche Lärmbelästigung, aber entsprechend ihrer Entwicklung. Das ist normal, und du solltest dafür Verständnis aufbringen. Auch sie werden zu gegebener Zeit für Schmuselieder, instrumentale Musik und Klassik empfänglich sein.*

*Wisse, wenn du Musik hörst, die deiner Seele guttut, dann gehen deine Schwingungen mit denen der Musik konform, und es stellt sich jenes Wohlfühlgefühl ein, das du so liebst. Dann, meine Liebe, bist du in der Mitte. Wenn ich deine Frage beantworten soll, dann rate ich dir, dich mehr mit den Dingen zu beschäftigen, von denen du fühlst, dass sie deiner Seele guttun. Je öfter du dieses machst, desto mehr kommst du in deine Mitte, auch wenn um dich herum das Leben mit all seinen negativen Auswirkungen pulsiert. So lernst du, mit dir im Reinen zu sein, und du wirst immer weniger das Bedürfnis haben, dich mit den negativen Schlagzeilen der Medien zu beschäftigen.*

*Wenn du mir erlaubst, meine Liebste, dann möchte ich dir noch verraten, dass sehr viele Engel an deiner Seite sind, die dein Bewusstsein für die Gefühle deines Herzens stärken. Wisse, alle Menschen haben Engel um sich, auch wenn sie nicht daran glauben. Aber Menschen, die darum bitten, aus dem Geistigen geführt zu werden, öffnen sich mehr für unsere Eingebungen. So wird auch dein Herzchakra ständig offener, und du verspürst häufig Schmerz darin, weil du erkennst, wie weit entfernt menschliches Denken und Handeln oft von der Wahrheit des göttlichen Seins entfernt sind.*

*Diese Zeit der Empfindsamkeit ist Teil des Transformationsprozesses. Wenn um dich herum in menschlicher Art und Weise be- und verurteilt wird, lass es an dir vorbeiziehen. Beteilige dich nicht daran, und schenke diesen Emotionen keine Aufmerksamkeit, dann können sie auch nicht an deine Energie andocken. Achte lieber auf deine Träume und Visionen. Erkenne, dass du deinen Fokus auf Prioritäten richten solltest, die auf deine göttliche Lebensbestimmung ausgerichtet sind. Verbinde dich mit deinem Hohen Selbst und bewusst mit deiner Seele, die dir durch die innere Stimme meine Botschaft ins Bewusstsein bringt. Du kannst mich und deine göttlichen Führer hören, wenn du in dir ruhst.*

*In deine Mitte kommst du, indem du deine eigene*

*Kraft erkennst, dein eigenes Licht siehst und nicht auf das schaust, was andere für wichtig erachten.*

*Ich umarme dich in unendlicher Liebe,*
*Maria*

## Ist Selbstliebe wichtig?

Liebe Gottesmutter!
Liebste Maria,

langsam dämmert es mir, welch großartige Fürsprecherin ich doch in dir habe. Danke, dass du mir verraten hast, dass viele Engel um mich sind. Ich habe in letzter Zeit mehr meditiert und „meine" Musik angehört, und dafür weniger Zeitung gelesen und ferngesehen. Das hat mir gutgetan, obwohl ich mir nicht vorstellen kann, dass ich nie mehr Klatschzeitungen lesen oder fernsehen soll.

Aber du hast schon recht, dass ich dadurch ruhiger und gelassener werde. Aber es braucht seine Zeit, bis ich etwas verinnerliche. Doch ich gebe mir Mühe, liebste Maria. Ich finde es wirklich schön, dass ich immer von dir Antwort bekomme. Mittlerweile habe ich schon mit vielen Frauen über meine Kommunikation mit dir gesprochen, und die meisten wollen dir jetzt an die angegebene Adresse schreiben.

Aber da ist noch etwas, das ich gerne wissen möchte.

Liebste Maria, ich habe Probleme mit der Selbstliebe. Weißt du, im Laufe der Zeit und nach den Geburten der Kinder bin ich etwas in die Breite gegangen, und da tue ich mich sehr schwer mit der Selbstliebe. Ich habe ja schon versucht, mich vor den Spiegel zu stellen und mir zu sagen, dass ich mich liebe. Doch das Einzige, was dabei herausgekommen ist, war die Erkenntnis, dass Hüften und Oberschenkel zu breit sind, und der Bauchumfang zu groß ist. Aus vielen Gesprächen weiß ich, dass es dem größten Teil der Frauen so geht.

Bitte, liebe Mutter, wie kann ich für mich Liebe empfinden, wenn ich optisch so „daneben" bin?

Deine dich sehr liebende Aliana Kara

**_Gott zum Gruß, geliebte Menschenseele!_**
**_Liebste Aliana Kara,_**

*da scheinst du ja wieder einmal in einem richtigen Dilemma zu sein, und außerdem muss ich betreffend deines Medienkonsums noch etwas richtigstellen: Ich schreibe dir nicht vor, dass du nie mehr deine geliebten Klatschblätter lesen oder nicht mehr fernsehen sollst. Mein Rat geht dahin, dass du das, was du liest oder dir im Fernsehen anschauen willst, vorher begutachtest. Nicht, wie du es gewohnt bist, einfach alles wahllos in dich aufzunehmen.*

*Ich frage dich, wenn du dir die Nachrichtensendungen ansiehst, wie viel davon ist positiv und für dich erbauend? Wie oft denkst du dir: Das waren jetzt schöne Bilder? Siehst du, genau das meine ich, wenn ich dir rate, das Programm oder den Lesestoff bewusst auszuwählen. Es gibt immer Filme, die deine Seele ansprechen, Beiträge, die deine Kreativität und deinen Wissensstand bereichern, Dokumentationen, die dir die Natur näherbringen usw.. Da bleiben noch genügend Fernsehstunden übrig, die du konsumieren kannst, so lange dein Bedürfnis danach vorhanden ist. Es kommt sicherlich der Zeitpunkt, an dem du deine Prioritäten neu setzen wirst. Aber das kommt mit der Zeit, liebste Aliana Kara.*

*Nun zum Thema Selbstliebe.*

*Selbstliebe ist eines der großen Themen, mit denen die Menschen konfrontiert werden. Es ist ein Thema von höchster Priorität, denn es beeinflusst global die Harmonie und den Frieden. Es ist einfach zu sagen: „Ich liebe mich!", aber es ist nicht das, was du wirklich dabei verspürst. Sich selbst zu lieben ist mehr, als nur sich zu mögen oder oberflächlich zu sagen: Ich liebe mich. Es ist auch nicht Stolz oder Eigensinn, sich tief im Herzen einzugestehen: „Ja, ich liebe mich". Es sich ehrlich einzugestehen heißt, sich anzunehmen, wie man ist, wie man sich gibt, wie man nach außen hin auftritt und wahrgenommen wird. Es heißt, sein Aussehen vorurteilsfrei zu lieben, sich seines Lichts bewusst zu sein und zu wissen, dass großartige Kräfte in einem sind, die nur darauf warten, aktiviert und gelebt zu werden.*

*Wenn du dich wahrhaftig liebst, Aliana Kara, ist es nicht von Belang, wie andere über dich denken. Dann nimmst du auch andere Menschen vorurteilsfrei an, weil du deren Ausdruck akzeptierst und in ihnen das Licht siehst, das auch in dir ist. Würden die Menschen sich selbst mehr lieben, würde eine Form des Zusammenlebens entstehen, die von Respekt, Achtung, Liebe und Wertschätzung geprägt wäre.*

*Geliebte Seele, liebe Frauen dieser Welt: Übt Selbstliebe, wann immer ihr könnt. Schaut euch in die Augen und seht das Göttliche, das jede von euch widerspiegelt.*

*Wisset, dass der göttliche Vater euch mit den besten Voraussetzungen und Eigenschaften ausgestattet hat, ehe ihr auf diese Welt gekommen seid. Und wisset, dass es eure eigene Bewertung ist, wie ihr von euch und anderen Menschen wahrgenommen werdet. Ihr macht eure Schönheit von den Vorbildern anderer abhängig. Kreiert ein neues, eigenes Bild von euch, das eure innere Schönheit widerspiegelt. Es ist nicht von Interesse, ob ihr um die Mitte herum zu dick seid oder sonst einen „scheinbaren" Mangel habt, der ja doch nur in euren Augen einer ist. Seid euch bewusst, dass ihr vollkommen seid, so, wie ihr seid, dass in euch das Licht der Liebe brennt und die Energie der ewig göttlichen Mutter ist – meine Energie.*

*Halte dir das stets vor Augen, liebe Aliana Kara, wenn du Angst hast, in den Spiegel zuschauen, weil du der Meinung bist, nicht schön genug zu sein. Du bist ein Teil von mir, wie ich Teil von Gott bin. Ihr tragt alle seine Essenz, sein Licht in euch, und da wollt ihr, willst du, meine Liebe, an deiner Schönheit zweifeln?*

*Fühle dich angenommen und wertgeschätzt,*
*deine Maria*

*P.S.: Danke, dass du Reklame machst und über unsere Brieffreundschaft mit anderen Frauen redest. Ich freue mich schon auf die vielen neuen Zuschriften.*

## Was ich schon immer über Liebe und Partnerschaft wissen wollte

Geliebte Gottesmutter!
Liebste Maria,

ich kann dir vermelden, dass bereits etliche Mails eingegangen sind und es sehr viele Frauen gibt, die an der Gemeinschaftsmeditation jeden ersten Sonntag im Monat um 19.00 Uhr teilnehmen möchten. Einige schreiben, dass sie gespürt haben, wie die Sorgen-Energie sich nach wenigen Minuten von ihnen gelöst hat und es ihnen seither viel besser geht. Ist das nicht schön, liebste Mutter? Und vor allem: Vielen Dank, dir und den Engeln, dass ihr diese Marien-Meditation aus dem Geistigen so unterstützt. Ich bin mir sicher, dass sich im Laufe der Zeit daraus eine weltumspannende Brieffreundschaft zwischen Frauen aller Altersstufen, Rassen und Religionen und deinem herrlichen Licht ergibt. Bist du auch dieser Meinung, liebste Mutter?

Nun zu einem Thema, das in jeder Beziehung präsent ist, wenn du verstehst, was ich meine.

In einer Frauenrunde haben wir uns gestern über die Liebe und die Männer unterhalten (mal was ganz Neues).

Da sind Worte wie „Abwrackprämie“ gefallen und Vorschläge gemacht worden, wie man nervtötende Partner umerziehen könnte. Jetzt frage ich dich, geliebte Mutter: Was steckt wirklich hinter dem Wort Liebe? Ist es verheiratet zu sein, miteinander Sex zu haben, oder doch etwas ganz anderes? Was bedeutet es wirklich, jemanden zu lieben? Müssen Frauen in einer Beziehung bereit sein, vieles von ihrem eigenen Wesen aufzugeben, um ganz im Partner aufgehen zu können?

Weißt du, liebste Maria, nach vielen Jahren Ehe – manchmal auch schon früher – überlegt man sich schon des Öfteren, ob man einen Antrag auf Auflösung einbringen sollte, weil doch hin und wieder ein Schlechtwettereinbruch das Klima gewaltig verändert. Aber zum Glück kommt man rechtzeitig wieder zur Vernunft, denn was wäre das für eine Ehe, die bei stürmischem Wind die Segel streicht, meinst du nicht auch?

Was ist, liebe Maria, wenn einer der Partner einen Seitensprung macht? Ist dann die Liebe zu Ende, oder hat das mit Karma zu tun? Oder sollte man dann vielleicht um eine „Wechselprämie“ ersuchen? Gibt es so etwas auch bei euch, liebste Maria?

Ich persönlich glaube ja nicht, dass ein Partnerwechsel die Probleme, die manche Paare haben, lösen kann. Hin und wieder wird es sicher der Fall sein. Ich kann von Glück reden, dass dieses Problem nicht direkt mich betrifft. Aber du weißt ja, dass ich viele Fragen im Namen anderer Frauen stelle. Ehe ich vom Thema Liebe abschweife, beende ich für dieses Mal mein Schreiben und freue mich auf deine Antwort.

In tiefer Liebe und Verbundenheit,
Aliana Kara

**Gott zum Gruß, geliebte Menschenseele!**
**Liebste Aliana Kara,**

*ich bin ganz deiner Meinung, dass sich aus dieser Kommunikation noch etwas Weltumspannendes ergeben wird. Ich kann dir auch versichern, dass ich jeden Brief einer Schreiberin in mein liebendes Herz aufnehme und ihr die lichtvolle Hilfe zukommen lasse, die sie braucht und die für ihr Wachstum richtig und angemessen ist.*

*Jetzt möchte ich zum Thema kommen und dir versichern, dass ich verstehe.*

*Liebe heißt nicht unbedingt, verheiratet zu sein, und es bedeutet auf keinen Fall, dein eigenes Wesen aufzugeben. Du drückst dich so aus, wie du bist, und das Gleiche gilt auch für deinen Partner. Das heißt auch, dass einer den anderen so akzeptieren sollte, wie er ist, und keiner versuchen sollte, den anderen zu ändern, damit er der eigenen Vorstellung von Partnerschaft entspricht.*

*Du liebst wahrhaftig, wenn du in einer harmonischen Partnerschaft lebst, die von gegenseitigem Respekt geprägt ist. Du liebst, wenn du erkennst, dass dein Partner ein Geschenk ist, für das du dankbar sein solltest. Du liebst, wenn du dir vor Augen hältst, dass ein Partner dir nicht gehört, sondern eine Leihgabe ist. Natürlich hat jeder von euch sich bereits vor seiner Geburt den Partner/die Partnerin ausgesucht. Und wenn man mit verschiedenen Partnern/Partnerinnen bestimmte Dinge in diesem Leben aufzuarbeiten hat, wird man dieses auch tun. Das ist aber kein Freibrief für die humorvoll bezeichnete Wechselprämie – ein Begriff, der natürlich nur bei euch verwendet wird. Wie oft jemand den Partner wechselt, hängt von den Lernprogrammen ab, die er sich selbst ausgesucht hat, aber auch von seinem Denken über Partnerschaft und seinem spirituellen Wachstum.*

*Wahrhaft zu lieben bedeutet auch, dass alles, was zwischen dir und deinem Partner geschieht, von der Erkenntnis getragen sein soll, dem anderen damit Freude zu bereiten. Dass das Gegenteil zur Folge hat, eine harmonische Verbindung zu stören, das zu erkennen ist von großer Bedeutung, denn es stärkt entweder eine Verbindung, oder es schwächt sie.*

*Wenn du einen Partner hast, der dich liebt, sei dankbar dafür und wisse, dass du dadurch reich gesegnet bist. Denn dann hast du mit ihm einen Menschen an deiner Seite, dem du bedingungslos vertrauen kannst, und der immer für dich da ist. Er teilt die schönen und die schlechten Zeiten, die Tage voller Sonnenschein und kalte, frostige Nächte mit dir. Dein Liebster kennt deine Launen und deine guten Eigenschaften, er liebt deinen Körper, auch wenn du das selbst nicht tust, und er weckt in dir Gutes wie Schlechtes, weil es zu deinem Lernplan gehört und weil dein Partner dein Spiegelbild ist. Er spiegelt all das wider, was auch in dir ist; wenn dich bestimmte Eigenschaften an ihm stören, so bedenke, dass sie es deshalb tun, weil sie tief in deinem Inneren auch vorhanden sind, und du es nicht magst, daran erinnert zu werden. Dafür findest du in deinem Partner den Rückhalt, den du in deinem Leben brauchst, und du weißt stets, dass du in seinen Armen sicher und geborgen bist.*

*Eine große Liebe, meine liebe Aliana Kara, hat die Macht, mit einem Lächeln und dem zärtlichen Ausdruck der Augen, den vertrauten Gesten und dem Duft eurer Körper einander zu erfreuen. Eine harmonische und liebevolle Partnerschaft besitzt die Kraft, das Gewöhnliche ins Außergewöhnliche zu verwandeln. So eine Partnerschaft – und du, meine Liebe, wirst dich darin wiederfinden – ist eine Tür zum Himmel auf Erden.*

*Das Leben auf eurem Planeten ist ein Tanz, eine Bewegung, bestehend aus Rhythmus, Richtung, Stolpern, Fehltritten, manchmal langsam, unsicher und voller Angst, oder schnell, wild und voller Freude. Ihr alle tanzt diese Schritte in eurem eigenen Rhythmus. Und das ist etwas, was euer Leben bereichert.*

*Ich wünsche dir wundervolle, freudige Erfahrungen.*
*Maria*

## Wie denkst du über Erwartung?

Geliebte und verehrte Gottesmutter!
Liebste Maria,

ich danke dir für deine Worte über Liebe, denen ich voll und ganz zustimmen kann. Es ist wirklich wunderschön, wenn man das Glück hat, einen Partner zu haben, mit dem man in Harmonie ist. Und ja, es stimmt, die meisten Tanzschritte treffen auch auf meinen Mann und mich zu. Ich gestehe ehrlich, dass wir uns meistens im Gleichschritt bewegen, selten über unsere eigenen Füße stolpern, noch keinen Fehltritt gemacht haben und in der Liebe im Dreivierteltakt schwingen. Das heißt etwas, denn für uns ist Walzer „der" Tanz, bei dem wir uns so richtig eins fühlen.

Natürlich ist auch bei uns nicht immer nur eitel Sonnenschein, das hast du sicher schon bemerkt. Vor allem, seit auch mein Partner begonnen hat, sich spirituell zu öffnen. Da sind wir anfangs schon mal aus dem Tritt gekommen, aber dann haben wir ein paar Takte abgewartet und neu zu tanzen begonnen. Auch habe ich in der Zwischenzeit gelernt, meinen Partner als eigenständige Persönlichkeit zu sehen, und verstehe, dass er seine eigenen Lernprozesse hat, für die ich sein Spiegel bin. Einer ergänzt so den anderen, und ich bin nur froh, dass wir die Gnade haben, einander dabei behilflich zu sein. (War allerdings nicht ganz leicht, das zu erkennen und auch anzunehmen!)

Geliebte Mutter, ich habe in meinem Freundeskreis viele Frauen, die wie ich an Lichtarbeit und Herzensöffnung interessiert sind. Sie versuchen, alles richtig zu machen, indem sie Seminare besuchen und jede Menge Bücher lesen. Trotzdem „geht“ nichts weiter! Weder gelingen Manifestationen, noch bleiben wir von Krankheit und gewissen Übeln verschont. Dabei könnten wir uns mittlerweile doch schon etwas mehr Entgegenkommen von oben erwarten, habe ich recht?

Kannst du mir bitte etwas über Erwartung sagen, Maria?

Ich grüße dich aus meinem Herzen,
Aliana Kara

***Gott zum Gruß, geliebte Menschenseele!***
***Liebste Aliana Kara,***

*es wundert mich nicht, dass du dir dieses Thema gewählt hast, denn es befindet sich seit einiger Zeit in deinem Energiefeld. Erwartung kann auf vielerlei Art ausgelegt werden. Nicht wenige unter euch warten darauf, dass etwas geschieht, das sie aufrüttelt oder erkennen lässt, welcher Weg der ihre ist. Oder sie wollen, dass andere ihnen sagen, was sie zu tun haben und wie sie sich verhalten sollen. Das ist Erwartung, wie sie nicht sein sollte.*

*Gott gab jedem Menschen seinen freien Willen, und wenn dieser auf die Stimme seines Herzens hört, wird er von ihr immer zu seinem besten Wohl geführt werden. Niemand soll erwarten, dass andere für ihn Entscheidungen treffen, denn jeder ist ein Ausdruck Gottes, einmalig und unverwechselbar.*

*Gott erwartet sich von seinen Lichtarbeitern auch nicht, dass sie Leitfiguren werden, zu denen man aufschauen oder sie gar anbeten soll. Jede Seele, die sich aufmacht, andere Menschen zu erwecken, ist ein Lichtfunke, der andere aufmerksam macht, dass es etwas gibt, das Hoffnung heißt; etwas, das inneren Frieden bringt und die Erkenntnis, mit allem eins zu sein.*

*Erwartung heißt, den Moment herbeizusehnen, um die eigene Größe zu erkennen, das Licht im Inneren anzuzünden, um ein Leuchtturm im Dunkel zu sein. Einer von denen zu sein, die erwachen und bestrebt sind, durch Vorbildwirkung andere zu motivieren, es ihnen gleichzutun.*

*Meine Liebe, verfalle nicht in Erwartungshaltung, wann denn nun etwas, was du dir ersehnst, endlich kommt. Wisse, dass es für jeden Moment den richtigen Zeitpunkt gibt, an dem etwas zu geschehen hat. Nur weil du deine Lebenseinstellung spirituell gestaltest, heißt das noch lange nicht, dass du deswegen frei von Armut, Krankheit oder Schicksalsschlägen wirst. Denke daran, was ich dir über deine Lebensplanung gesagt habe. Du hast dir vor deiner Geburt alles ausgesucht. Du hast allerdings dein Schicksal bereits dahingehend verändert, indem du erkannt hast, was du loslassen und was du in Liebe annehmen sollst. Durch deine geänderte Gedankenhaltung hast du viele Lernaufgaben, die du dir ausgesucht hast, gemildert und sie gelegentlich auch entbehrlich gemacht. Du bist in deinem Denken so weit, dass du dich, wenn dich etwas heimsucht, fragst, was es dir sagen soll und welches Geschenk du darin erkennen sollst. Das ist mehr, als viele Seelen bisher erkannt haben.*

*Schicksal in dem Sinne, wie ihr es versteht, gibt es nicht, es sind immer eure Lernaufgaben, die euch heimsuchen. Aber es ist für viele Menschen einfacher, das Schicksal für ihre Lebenssituationen verantwortlich zu machen. Damit schieben sie die Verantwortung von sich weg, hoffen auf bessere Tage oder erwarten sich das Mitleid der anderen.*

*Schau, ein steter Strom unterschiedlich denkender Menschen fließt in dein Leben, sie haben alle mit deinem Lebensthema und oft mit Erwartungshaltung zu tun. Wenn du das erkennst, hast du die Möglichkeit, eine grundle-*

*gende Änderung in deiner Lebensführung herbeizuführen. Wenn du dir einer falschen Erwartungshaltung bewusst wirst, kannst du die Schwingungsmuster ändern, auf die das Gesetz der Anziehung reagiert. Und mit der Zeit wirst du aus dem Rad ständiger Wiederholungsmuster aussteigen und ein bewusster Schöpfer deiner Lebensumstände werden. Eines Lebens, das von mehr Liebe und Akzeptanz geprägt sein wird.*

*Erwartung, wie wir sie sehen, ist, dein Herz zu öffnen und zu wissen, bereit zu sein, Gott zu fühlen, zu sehen und ihn sprechen zu hören. Er spricht aus jeder Zelle deines Seins zu dir, er sieht durch deine Augen, und er fühlt mit jedem Atemzug das Einssein mit dir.*

*Erwartung heißt Erkennen!*

*Ich verabschiede mich sanft von dir.*
*Der Mantel meiner Liebe ist immer um dich.*

*Maria*

## Wie denkst du über das Thema Kinder?

Liebe Gottesmutter!
Verehrte Maria,

du hast ja so recht. Ich habe früher auch immer das Schicksal für Dinge, die mir das Leben erschwert haben, verantwortlich gemacht. Mittlerweile habe ich sehr viel über die Kraft der Gedanken gelesen und weiß inzwischen auch, dass wir Dinge nicht nur als Lernprozesse für unseren Erdendienst mitnehmen, sondern das meiste durch das Gesetz der Anziehung in unser Leben holen.

Aber es fällt mir halt doch immer noch sehr schwer, liebe Maria, das anzunehmen. Es ist fast nicht glaubhaft, dass Menschen sich – um ein Beispiel zu nennen – immer wieder gewalttätige Partner aussuchen, sich finanzielle Not wünschen oder gar Nachbarn, die ihnen das Leben zur Hölle machen. Ich kann ja noch verstehen, wenn ich mit dem Nachbarn etwas aus vergangenen Leben aufzuarbeiten habe, aber weshalb Schwierigkeiten mit dem Haushaltsgeld? Weshalb immer wieder einen Partner, der trinkt und ungut ist, um es mal vornehm auszudrücken? Weshalb ist es oft so schwer, eine gute Arbeitsstelle zu finden, bei der alles passt - der Chef, die Kollegen, das Gehalt? Liegt das wirklich an der falschen Denkweise?

Eine andere Frage betrifft unsere Kinder. Ich habe verstanden, dass auch sie eigenständige Persönlichkeiten sind, aber muss es deshalb gleich so sein, dass man sich nicht einmal in ihre Berufsausbildung einmischen soll? Man baut doch einen Betrieb, eine Firma, ein Haus usw. auf, damit die Kinder das Geschaffene weiterführen können, oder etwa nicht? In meinem Bekanntenkreis höre ich oft die Klage, dass die Kinder heutzutage undankbar sind. Man tut doch alles für sie. Doch sobald sie aus dem Haus sind, hört man oft wochenlang nichts von ihnen. Nur wenn sie etwas brauchen, dann wissen sie, wohin sie gehen müssen.

Ich umarme dich herzlichst,
Aliana Kara

***Gott zum Gruß, geliebte Menschenseele, liebste Aliana Kara,***

*ja, es liegt an der Denkweise.*

*Es gibt bereits wundervolle Bücher, die dich ausreichend darüber informieren, wie machtvoll das Gesetz der Anziehung dein Leben beeinflusst. Du ziehst Dinge in dein Leben, auf die du deinen Fokus richtest, sowohl die, die du gerne hättest, als auch die, die du nicht möchtest.*

*Du bist auf dieser Erde, um dein Leben nach deinen Vorstellungen zu erschaffen. Du willst Vielfalt und Gegensätze erleben, um deine persönlichen Vorlieben und Wünsche kennenzulernen. Und du filterst alle Erfahrungen und Erlebnisse durch deine Perspektive. Wenn du dich mehr mit dem Gesetz der Anziehung befasst, wirst du die Erfahrung machen, dass du lernen kannst, bewusst Kontrolle zu übernehmen, was in deinem Leben Priorität haben soll und was du besser nicht erschaffst.*

*Wenn du ständig Angst hast, dass dein Haushaltsgeld nicht reicht, oder du nur Partner anziehst, die trinken, so richtest du deinen Fokus darauf. Und worauf du deine Gedanken richtest, das ziehst du früher oder später in dein Leben. Du sendest die Schwingung aus: „Ich komme sicher mit meinem Geld nicht über die Runden," beziehungsweise "ich lerne sicher wieder nur einen Mann kennen, der ein Trinker ist.“ Und je nachdem, wie intensiv du an diese Dinge denkst und welche Gefühle du dabei verspürst, ziehst du sie zu dir hin. Verstehst du das, mein geliebtes Kind?*

*Zu deiner Frage zu den Kindern.*

*Ist es für Kinder nicht schön zu wissen, dass sie immer nach Hause kommen können, egal, was passiert? Möchtest du, dass deine Kinder im Erwachsenenalter noch an deinem Rockzipfel hängen und sich auf deine Erfahrungen verlassen? Sie sind eigenständige Seelen, wie du sehr gut erkannt hast, und als solche müssen sie auch eigenständig Verantwortung für ihr Denken und Handeln übernehmen. Das aber können sie nur, wenn sie sich ohne Bevormundung entwickeln können. Zu wissen, dass ihr Elternhaus immer für sie offen ist, erleichtert den Kindern das Erwachsenwerden. Sie haben sich euch als Eltern ausgesucht, ebenso jene Seelen, die ihre Geschwister sind. Und jeder von ihnen hat seine Lernerfahrungen, die er sich vorgenommen hat. Das erklärt auch, weshalb sich manche Geschwister oft nicht verstehen und andere schon. Es kommt darauf an, was die Seele lernen will: Verzeihen, Mitgefühl, Verständnis, es kann bedeuten, Akzeptanz zu lernen, und vieles andere. Jede Seele auf ihre Art, in dem Tempo und in dem Umfeld, das sie sich selbst ausgesucht hat.*

*Ich darf dich daran erinnern, dass auch du dein Leben selbst so gestaltet hast, wie es bis heute ist. Du hast dir den Beruf gewählt, den du wolltest, und dir den Partner ausgesucht, in den du dich verliebtest. Weshalb sollten eure Kinder euch im Beruf nachfolgen, wenn sie das nicht möchten? Wenn für ihr Leben andere Prioritäten Vorrang haben, weshalb sollten sie dann diesen nicht den Vorzug geben? Nur weil die Eltern sich abgemüht haben, damit es ihren Kindern einmal besser geht? Wenn sich die Bestim-*

*mung eurer Kinder mit eurer deckt, werden sich Gemeinsamkeiten einstellen, sonst nicht. Und Dankbarkeit darfst du nie mit Erwartung verwechseln, meine Liebe. Das haben wir schon besprochen. Zieht eure Kinder mit all der Liebe auf, die ihr zu geben imstande seid, helft ihnen, die ersten Schritte ins Leben und in die verschiedenen Altersstufen zu machen, doch kettet sie nicht an euch. Lasst sie sich frei entfalten, und wenn ihre Berufswünsche nicht mit euren konform gehen, versteht, dass sie ihre eigenen Erfahrungen machen wollen, auch wenn diese schmerzhaft sein mögen. Wie sollen sie wissen, wie Salz schmeckt, wenn sie niemals davon kosten dürfen?*

*Bereitet sie auf das Leben vor, aber lasst sie alleine gehen, sonst müssen sie ihre gewählten Lernerfahrungen in einem anderen Leben erneut machen. Kinder, deren Seelen sich frei entfalten dürfen und die wissen, dass ihr Elternhaus ihr Rückhalt ist, werden einmal ihren Kindern ebenso großzügige, offene und verständnisvolle Eltern sein.*

*Und, meine liebe Aliana Kara, kann es für Eltern etwas Schöneres geben als Kinder, die es ihnen nachmachen? Die Jugend von heute hat eine ganz besondere Mission zu erfüllen. Sie soll euch dabei unterstützen, den dauerhaften Frieden für euren Planeten einzuläuten. Ihr würdet gut daran tun, ihren Stimmen zu lauschen, denn sie tragen das Potenzial in sich, den Erwachsenen beim Aufstieg in die nächsthöhere Dimension beizustehen. Doch müssen eure Kinder erst den Teil in sich selbst finden, der ein Segment ihrer Berufung ist, um etwas in der Welt zum Besseren zu verändern. Aber wenn sie das geschafft haben, haben sie die Macht und die Kraft, eine gewaltige Welle von Licht und Liebe zu erzeugen, die sich über den ganzen Globus ausbreiten und Frieden schaffen wird.*

*Unterstützt eure Jugendlichen, damit sie ohne Umwege zu ihren Werten findet, denn sie sollen erkennen, dass sie Lichtträger sind. Und ihr als Eltern könnt dazu beitragen, dass ihr Licht zu lodern beginnt.*

*Ich bin in tiefer Liebe in dir,*
*Maria*

## Weshalb sollte ich dir glauben?

Hochverehrte göttliche Mutter!
Allerliebste Maria,

vielen herzlichen Dank für deine Antwort. Ich habe mir sogleich einige Bücher über neues Denken und Anziehung besorgt. Sie helfen mir, vieles, was in meinem Leben und in dem anderer Menschen geschieht, besser zu verstehen. Damit kann ich gegenüber jenen Freundinnen punkten, für die es nicht von Belang ist, dass man sich den heutigen, veränderten Sichtweisen anpassen sollte.

Deine Worte unsere Kinder betreffend, haben natürlich wieder genau den Punkt getroffen. Wir dürfen es uns aber auch nicht zu leicht machen und die Verantwortung für die Rettung der Welt allein auf ihre Schultern legen, denke ich mal. In dieser Zeit der großen Umwälzungen haben sie schließlich große Probleme damit, sich selbst zu finden. Und außerdem denke ich, wenn auch viele unheilvolle Dinge in dieser und der kommenden Zeit auf uns zukommen, bedeutet es nicht notwendigerweise, dass man die Verantwortung hat, diese, ohne sie zu hinterfragen, abzuwenden. Wenn ich dich richtig verstehe, soll manchmal eine schlimme Situation gar nicht verändert werden, denn vielleicht gibt es ja einen Grund, weshalb sie eintritt. Habe ich das richtig verstanden?

Heute habe ich noch eine ganz spezielle Frage an dich, geliebte Maria, und ich hoffe sehr, dir mit dieser Frage nicht zu nahe zu treten. Liebste Gottesmutter, meine Frage ist: Weshalb sollte ich deinen Worten glauben?

Bitte nimm diese Frage nicht persönlich, es ist einfach so, dass sie sich mir aufdrängt und erst letztens in einer interessierten Runde gefallen ist. Wenn Menschen davon erzählen, dass sie Engelerscheinungen hatten, und derer werden es immer mehr, werden sie oft ungläubig angesehen oder für nicht dicht gehalten („nicht dicht“sagt man bei uns, wenn man eigentlich verrückt meint).

Der Papst zum Beispiel zieht Millionen Menschen bei seinen Auftritten an, obwohl auch er nicht behaupten kann, Gott je gesehen zu haben. Trotzdem glauben die Menschen seinen Worten, ohne dass er Beweise für die Dinge, die er sagt, vorbringt.

Ich persönlich glaube dir, weil..., also, weil du eben die Gottesmutter bist. Kannst du mir darauf antworten?

In tiefer und ehrlicher Verbundenheit,
Aliana Kara

***Gott zum Gruß, geliebte Menschenseele!***
***Liebste Aliana Kara,***

*ich bedanke mich für deinen Brief, der mich sehr erheitert hat. Deine Frage hat mir gezeigt, wie viele Vorurteile es doch auf eurer Erde gibt.*

*Doch zuvor möchte ich auf deine Bemerkung eingehen, dass du mit deinem Wissen gegenüber deinen Freundinnen punkten kannst. Wisse, meine Liebste, niemand ist „höher" als ein anderer, nur weil dieser andere noch in alten Gedankenmustern verharren möchte. Vergiss nicht, was ich dir schon sagte, dass des Menschen Wille sein Himmelreich ist. Jedem ist es freigestellt, seine Erfahrungen zu machen, und nur wenn du das akzeptieren kannst, befindest du dich in der Schwingung der Liebe, denn Akzeptieren heißt, bedingungslos zu lieben. Jene Menschen, die ihr Bewusstsein für eine geänderte Sichtweise geöffnet haben, können anders mit den Erfahrungen des Lebens umgehen. Das ist alles, meine liebe Aliana Kara. Denkst du also immer noch, mit deinen Erkenntnissen anderen gegenüber punkten zu können? Es ist alles eine Frage der Entscheidung des Einzelnen, die von unserer Seite aus immer respektiert wird, da wir alle Menschen gleichermaßen bedingungslos lieben.*

*Nun zur zweiten Frage.*

*Ich freue mich, dass du sie gestellt hast, denn dadurch gibst du mir die Möglichkeit, Vorurteile anzusprechen. Liebstes Kind, du* **musst** *nicht glauben, du kannst es tun!*

*Zu glauben ist die Entscheidung jedes Einzelnen. Gott hat alle Menschen nach seinem Vorbild geschaffen, und er gibt ihnen auf eurem Planeten die Möglichkeit, die Dualität mit all ihren Auswirkungen zu erfahren. Du weißt schon, Gut und Böse, Schwarz und Weiß, Glaube und Unglaube.*

*Jeder von euch hat die Wahl, und keiner von euch „muss"! Ich habe dir schon einmal gesagt: nichts muss, alles kann. Beherzige diese Einstellung, und dein Leben wird sich verändern. Lösche das Wort „ich muss" aus deinem Sprach- und Gedankenschatz. Ersetze es durch andere Wörter wie: „ich darf, ich möchte, ich sollte, ich freue mich."*

*Wie und an wen du glaubst, liebste Tochter, ist deine ureigenste Entscheidung. Ihr habt viele Leben damit zugebracht, euren Glauben oder auch Nichtglauben zu entwickeln. Viele gravierende Prägungen aus Vorleben haben euch und die verschiedenen Religionen zu dem gemacht, was ihr heute seid. Das beinhaltet in großem Ausmaß euer Denken über Gott und Religionen. Ich möchte hier gar nicht näher auf die verschiedenen Religionen und ihre Auslegungen eingehen, denn darüber gibt es sehr viel Literatur, und es werden sehr viele Gespräche darüber geführt. Ich möchte dich nur darauf hinweisen, dass jeder Religion zugrunde liegt, dass es Gott ist, der alles Leben erschaffen hat und der Liebe ist. Und alle Auslegungen, egal, welcher Religionsrichtung, wurden von Menschen erstellt, nicht von IHM.*

*Ich kann dir nur den Rat geben: Bei allem, was du von mir und/oder anderen hörst, überprüfe es in deinem Herzen. Dort ist der Sitz deiner Seele, darin kannst du die*

*Stimme deines Höheren Selbst vernehmen. Wenn du lernst, in dich zu gehen und die Fragen des Lebens in deinem Herzen zu hinterfragen, bekommst du die Antwort.*

*Und was die Engelerscheinungen betrifft: In dieser umwälzenden Zeit, in der sich immer mehr Menschen für Spiritualität öffnen, gelingt es Lichtwesen leichter, mit euch in Kontakt zu treten. Weißt du, liebe Tochter, wir aus dem Geistigen sind immer in Liebe um euch. Wir können euch nicht die Lernerfahrungen abnehmen, die ihr euch selbst für euer Leben ausgesucht habt, aber wir stehen helfend, beschützend und führend an eurer Seite, während ihr sie durchlebt. Und wenn ihr uns anruft und um Unterstützung bittet, lassen wir euch unsere Liebe vermehrt zufließen, und wenn ihr offen seid für unsere Inspirationen, können wir euch Hinweise geben, wie sich Änderungen in eurem Körper, eurem Geist und in euren Gefühlen sanfter vollziehen. Wir tragen euch durch schmerzvolle Erfahrungen, und wir lachen mit euch, wenn euer Herz voller Freude singt. Wenn ihr euch immer mehr öffnet, dann werdet ihr die feine Schwingung der Engel viel besser spüren, die immer um euch ist – ob ihr an uns glaubt oder nicht.*

*Aus der Welt der Liebe eilen meine Segenswünsche zu dir.*

*Maria*

# Ist die Natur wirklich beseelt?

Liebste Gottesmutter!
Verehrte Maria,

ich danke dir von Herzen für deinen Antwortbrief. Wiederum habe ich viel daraus lernen können, und ich bin sehr froh, dass du meine Frage nach dem Glauben so locker aufgenommen hast. Ich gebe zu, dass deine Antwort mir geholfen hat, mit den Auslegungen der Kirche besser klarzukommen. Du weißt, dass ich sehr gerne ein Gotteshaus besuche, weil ich die heilige Schwingung, die ich dort fühlen kann, sehr liebe. Aber es ist mir auch bewusst geworden, dass ich die Liebe und den Frieden Gottes und seiner Engelschar überall fühlen kann, am allerbesten, tiefsten und innigsten jedoch in meiner Seele und draußen in der Natur. Ich habe erkannt, dass es an meiner Einstellung liegt, wo und wie ich etwas fühle. Dazu muss ich weder einer Gemeinschaft beitreten, noch dafür Geld bezahlen, außer ich will es so. Sehe ich das richtig, liebste Gottesmutter?

Der göttliche Vater ist überall, das wird mir mit jedem Briefwechsel klarer. Ich verstehe aber auch, dass andere Menschen Führung durch eine Institution brauchen oder wollen, weil sie darin Trost oder die Gewissheit finden, dass es da jemanden gibt, zu dem sie physisch gehen können. Sie erleben dort Kontakte zu den Menschen in ihrer Gemeinde, Kameradschaft, und fühlen sich darin eingebettet. Das verstehe und akzeptiere ich.

Ich für meinen Teil gehe sehr gerne in die Natur, um inspiriert zu werden, zu meditieren und eigene Erfahrungen und Erkenntnisse auf dem Gebiet der Spiritualität zu machen. Das ist doch in Ordnung so, oder?

Jetzt bin ich schon sehr neugierig, was Neues auf mich zukommt, denn ich habe mich entschlossen, meine Bestimmung zu leben.

Abschließend möchte ich dich fragen, ob die Natur wirklich beseelt ist.

Ich hab dich sehr lieb, Maria!
Aliana Kara

***Gott zum Gruß, geliebte Menschenseele!***
***Liebste Aliana Kara,***

*ja, dein Bedürfnis, in die Natur zu gehen, ist in Ordnung. Bezüglich Glaubensfragen möchte ich noch hinzufügen: Achte darauf, wo in dir noch alte Glaubenssätze und Verhaltensmuster sind, die mit Angst zu tun haben. Diese löse auf, denn sie basieren auf dem Denken, dass Gott über euch zu Gericht sitzt. Gott ist gütig und liebevoll. Gott straft und urteilt nicht, niemals! Lass dir diese Wahrheit nicht verbiegen. Höllenqualen bereitest du dir selbst, wenn du gegen dein Herz und gegen besseres Wissen handelst. Dafür bestrafst du dich, verfällst in Selbstmitleid oder trägst Schuldgefühle in dir. Sie sind es, die dir die Hölle auf Erden bereiten können, denn eine Hölle, wie sie in euren Schriften beschrieben wird, gibt es nicht.*

*Gesegnet ist dein Entschluss, deine Bestimmung zu leben, und sie, allen Widerständen zum Trotz, auszuüben. Jeder Mensch hat eine Aufgabe, eine göttliche Mission zu erfüllen. Die geistigen Führer helfen euch dabei, euren natürlichen Talenten und Interessen nachzugehen, ihr müsst nur auf eure innere Stimme hören.*

*Wisse, dass in letzter Zeit viel verschüttetes Wissen in dir geweckt wurde und wieder hochkommen wird. Zu deinem und zum Wohl anderer. Die weibliche Energie ist im Begriff, in der materiellen Welt wieder aufzuerstehen. Es ist notwendig geworden, denn die Menschen brauchen diese Energie, die nährt, beschützt und hilft, das erwachende Bewusstsein der Menschen zu unterstützen.*

*In den nächsten Jahren wandelt sich die Energie auf Erden massiv. Sie wird das kriegerische Denken transformieren und die Menschheit in eine neue Energie führen – die weibliche Energie! Sie wird Wärme, Frieden, Mitgefühl und Weisheit in die Welt bringen. Jene Menschen, die sich von kriegerischem und Ego-Denken nicht lösen können, werden sich dort wiederfinden, wo diese Energien weiterhin noch Bestand haben. Die anderen werden sich in eine lichtvollere Frequenz einschwingen. Euer Bewusstsein weiß in dieser Energie, wie es sich Fülle verschaffen kann, denn die Fülle des Geistes bringt alles hervor, was die Menschen benötigen.*

*Freue dich, mein Kind, die Zeit ist da, um Veränderung zu leben. Sie zuzulassen, dazu bist du seit langem bereit, doch jetzt ist der Zeitpunkt gekommen, die Veränderung auch zu leben.*

*Lebe sie! Lebe sie! Lebe sie!*

*Lass das Licht aus deinem Herzen strahlen, sei dir bewusst, dass alles in dir ist, was du jemals gesucht hast. Du warst niemals von der Liebe Gottes getrennt, wurdest niemals in deinem Schmerz allein gelassen, und nie hat der Vater dir mehr aufgebürdet, als du tragen konntest.*

*Es ist schön, dass du erkannt hast, dass Gott in allem zu finden ist, und dass ein Spaziergang in der Natur genauso ein inniges Gebet sein kann, wie ein in einem Gotteshaus gesprochenes. Und ja, die Natur ist beseelt. In der Natur sind nicht nur deine Engel um dich, sondern auch viele Naturwesen, die mit dir in Kontakt treten wollen.*

*Schau, Elfen, Feen und die vielen anderen Geistwesen aus dem Reich der Natur möchten wieder vermehrt mit euch Menschen in Kontakt kommen, weil eine Zusammenarbeit beiden zum Vorteil gereichen würde. Die Menschen könnten von den Erfahrungen der Naturwesen bei der Bestellung ihrer Gärten und Felder profitieren, und die Naturgeister würden sich über eine Kommunikation freuen, so, wie sie in früheren Jahrhunderten zwischen Mensch und Naturgeist stattgefunden und zu beiderseitigem spirituellen Wachstum beigetragen hat.*

*Auch du wurdest schon von ihnen gerufen!*
*Hast du hingehört?*
*Hast du hingesehen?*
*Spürst du die Bande, die dich zu ihnen hinziehen?*
*Hörst du ihr Rufen?*

*Ich liebe dich und schenke dir alle meine Unterstützung.*

*Maria*

## Verzeihen, aber nicht vergessen können

Hochverehrte Gottesmutter!
Liebste Maria,

danke! Deine Worte bringen meine Seele zum Schwingen, und sie erhellen meinen Tag, obwohl draußen vor dem Haus der Regen prasselt, als wolle die Welt untergehen. Aber ich weiß schon, was du darauf antworten wirst: „Ohne Wasser kein Leben!" Du hast natürlich recht, geliebte Mutter. Aber diesen Sommer (2009) haben wir schon mehr als genug Wasser von oben bekommen, könntest du nicht dafür sorgen, dass es langsam weniger wird? Kleiner Scherz von mir, ich weiß natürlich, dass dafür eine andere Abteilung zuständig ist.

Ich danke dir auch sehr für deine Worte über Religion. Ich bin nun bestrebt, die positiven Möglichkeiten beider Aspekte zwischen Religion und Spiritualität zu sehen und diese in mein Leben einfließen zu lassen. Auch werde ich in Zukunft meine Sinne und mein Herz noch mehr öffnen, um mit den Naturwesen in Kontakt zu kommen. Das Gefühl, jemand Unsichtbaren um mich zu haben, habe ich schon des Öfteren gehabt, aber ich brachte es nicht mit Naturwesen in Zusammenhang. Doch freue ich mich sehr, wenn das der Fall sein sollte, denn ich liebe die kleinen Wesen von Herzen. Und ich verspreche dir, Herz und Ohren zu öffnen, um in Verbindung mit ihnen zu kommen.

Heute, geliebte Mutter, möchte ich das Thema des Verzeihens ansprechen. Eine gute Bekannte erzählte mir von einer Verwandten, die ihr übel mitgespielt hat. Ihre Schlussbemerkung hat mir zu denken gegeben. Sie sagte nämlich: „Ich habe meiner Verwandten vergeben, aber vergessen kann ich es nicht."

Liebe Maria, da stimmt doch etwas nicht, oder? Irgend etwas daran stört mich. Kannst du mir sagen, was es ist?

Mein Herz grüßt dich voller Liebe.
Aliana Kara

***Gott zum Gruß, geliebte Menschenseele!***
***Liebste Aliana Kara,***

*es ist wirklich ein Vergnügen, mit dir zu korrespondieren.*

*Ja, das Wetter! Ich habe dir schon einmal gesagt, dass die Erde einen Reinigungsprozess durchmacht. Die Überschwemmungen in weiten Gebieten der Erde sind vergleichbar mit euren Gefühlsausbrüchen. Auch Vulkanausbrüche und Erdbeben sind innere Kräfte, die ein Ventil suchen, um mit dem Druck fertig zu werden. Verheerende Stürme entsprechen der Kraft eurer Gedanken. Damit spiegelt euch die Erde eure globalen Glaubens- und Denkmuster wider, die von kriegerischem Handeln, Terror und Angst geprägt sind. Die täglichen Nachrichten in den Medien schüren diese Gedankenmuster der Angst noch mehr. Und das Gesetz der Anziehung folgt dem, worauf ständig der Fokus gelegt wird, das haben wir ja schon besprochen. Dahinter stehen bestimmte materielle Interessen und das Streben nach Macht.*

*Auch die globale Verbreitung über bestimmte Krankheiten trägt nur dazu bei, dass sich die Angst davor in den Köpfen der Menschen einnistet, wodurch es überhaupt erst angezogen wird. Mein Rat kann nur lauten: „Gib negativen Meldungen nicht die Macht, sich in dir festzusetzen. Schicke Liebe und Licht in die Welt, wo Angst und Not herrschen, doch bleibe mit deinem Fokus auf dem Pfad, der dich ins Licht, zu deinem unbegrenzten Selbst führt. Schließe dich gedanklich jenen an, die im Dienst des Lichts stehen, denn gemeinsam seid ihr eine sich immer weiter ausbreitende Kraft von Liebe und Licht, die eine Änderung des Weltgeschehens bewirken wird. Vertraut, glaubt und haltet das Licht, dadurch bleibt ihr immer in der Schwingung der Liebe. Das ist etwas ganz Wertvolles. Darauf solltet ihr hinarbeiten. Meine ganze Liebe und Kraft unterstützen euch dabei!"*

*Es ist der Kampf des Egos gegen die einfließenden lichtvollen Energien. Bei allem Schlimmen, das dabei von Menschen erlebt und erlitten wird, entstehen dadurch aber auch ein neues Zusammengehörigkeitsgefühl und ein Miteinander, das sehr oft schon verlorengegangen ist. Plötzlich helfen wildfremde Menschen sich wieder gegenseitig und erleben Mitgefühl hautnah. Dabei öffnen sich Herzen, und Bedürftige werden liebevoll in den Arm genommen. Eine Welle des Mitgefühls erfasst bei Katastrophen weite Gebiete der Erde und ergibt Erfahrungen, die trotz materieller Verluste zu einem neuen Verständnis führen. Werdet euch der Macht eurer Gedanken bewusst. Lernt, in die Balance zu kommen. Damit helft ihr eurem Planten am besten. Und erspart uns, eine neue Abteilung zu gründen. Kleiner Scherz von mir...*

*Zum Thema Verzeihen, aber nicht vergessen können.*

*Schön, dass dir der Widerspruch darin aufgefallen ist. Wenn deine Bekannte nicht vergessen kann, heißt das, dass sie auf diese Weise ihre Gedanken immer auf dieses Geschehen richtet. So hält sie es aber in ihrem Bewusstsein fest. Diese Gedanken sind mit der negativen Schwingung des Geschehenen behaftet und verhindern, dass sie davon frei wird. Wenn sie aber im alten Geschehen feststeckt, wie kann sie dann von Vergebung sprechen? Das hast du sehr gut erkannt.*

*Nur durch den Prozess der Vergebung kann sie innere Freiheit erlangen und energetisch stärker werden. Würde sie wirklich und von Herzen vergeben, würde eine große Last von ihrem Herzen fallen. Vergebung bedeutet nicht, das Geschehene gutzuheißen. Es ist ein Weg, Geist und Herz zu befreien, damit sie ein unbegrenztes Wesen werden kann. Und sie sollte auch bedenken, dass bestimmte Menschen und Lernerfahrungen ihr als Herausforderung gesandt wurden. Sie ermöglichen es ihrer Seele, sich weiterzuentwickeln. Sag ihr, sie soll sich gedanklich mit ihrer Verwandten auseinandersetzen und ihr wirklich vergeben. Sie sollte sich vor Augen halten, dass auch in ihrer Angehörigen der Funke der Göttlichkeit ist. Sie sind beide Seelen, die sich in diesem Leben verabredet haben, um eine gemeinsame Lernerfahrung zu machen. Unnachgiebigkeit und Groll werden mit der Zeit sonst zu einer soliden Unterlage, auf der Krankheit entstehen kann. Rate ihr zur Vergebung, damit Groll und Verbitterung erst gar keine Gelegenheit erhalten, sich in ihrem Körper anzustauen und festzusetzen.*

*Ich wünsche deiner Bekannten von Herzen, dass sie ihre Unfähigkeit zur Vergebung loslassen kann. Bitte hilf ihr dabei!*

*Ich wünsche euch Kraft, Verständnis und Weisheit.*
*Maria*

# Wie denkst du über das Loslassen?

Hochverehrte Gottesmutter!
Allerliebste Maria,

du hast Loslassen angesprochen, darüber würde ich gerne Näheres erfahren. Ich habe darüber schon viel gehört und gelesen, und ich versichere dir, dass ich mich auch schon selbst damit auseinandergesetzt habe. Schon vor einiger Zeit habe ich mich hingesetzt und niedergeschrieben, was ich alles loslassen möchte. Danach habe ich gedanklich jeden Posten auf meiner Liste losgelassen, indem ich allen, die mich einmal verletzten, verziehen habe. Ich habe auch nicht vergessen, mir selbst zu verzeihen für das, was ich anderen angetan habe. Das war doch richtig so, liebste Maria? Eine Zeit lang ist es mir sehr gut gegangen, ich habe mich richtig befreit gefühlt. Doch mittlerweile ist dieses Gefühl nicht mehr vorhanden. Habe ich etwas falsch gemacht, liebe Gottesmutter, oder liegt es an etwas ganz anderem? Kannst du mir das bitte erklären?

In froher Erwartung grüßt dich deine
Aliana Kara

***Gott zum Gruß, geliebte Menschenseele!***
***Liebste Aliana Kara,***

*du liest meine Briefe sehr aufmerksam, und das freut mich. Das Thema Loslassen ist keins, das mit einigen Worten oder mit einer einzigen Ritualhandlung abgehandelt werden kann.*

*Bedenke, liebste Aliana Kara, wie viele Dinge allein in eurem täglichen Leben geschehen, von denen ihr euch beeinflussen lasst und die ihr in eurem Energiesystem speichert. Schuldgefühle, die euch das Leben ganz besonders schwer machen können, bestimmte Glaubensmuster, die ihr nicht bereit seid zu hinterfragen, Handlungen, die aus Verzweiflung oder Unwissenheit gemacht werden, Erfahrungen, mit denen ihr nicht umgehen könnt oder die für euch zu dem Zeitpunkt, da sie gemacht wurden, in Ordnung waren. Ihr bleibt in eurer Entwicklung ja nicht stehen. Ihr verändert euch mit jedem Tag und mit jeder Lernerfahrung. Und das ist gut so, denn nur dadurch kommt euch die Erkenntnis, wie viele Dinge ihr euch bereits aufgebürdet habt.*

*Wenn du dich ernstlich mit Loslassen beschäftigst, wirst du erstaunt sein, wie viel unnötiger Ballast sich auch bei dir angesammelt hat. Schuldgefühle, das Bedürfnis nach Liebe und äußerer Anerkennung, dein Anhaften an Menschen und Dinge – du benötigst das nicht wirklich, um ein glücklicher Mensch zu sein, oder?*

*Lass los die Teile deines Lebens, die nicht in Harmonie sind und die du nicht mehr wirklich brauchst. Sie haben längst ausgedient. Wenn du loslässt, was du festhältst, dann können sich deine Hände für Neues öffnen. Hab keine Angst, dass das, was sich schön und gut in deinem Herzen anfühlt, verlorengeht. Du lässt ja nur die Dinge los, die deinen spirituellen Weg behindern, ob das Menschen, Angewohnheiten oder bestimmte Glaubensmuster sind. Wenn sie dir beim Aufarbeiten deiner Ängste und Blockaden ins Bewusstsein kommen, ist es das Zeichen, dass dies der Moment ist, in dem sie losgelassen werden sollten.*

*Dazu zählen auch Kränkungen, Erniedrigungen, Spott und andere, ins Herz treffende Ungerechtigkeiten. Auch Befehle, Anordnungen und gut gemeinte Ratschläge, denen du gefolgt bist, weil du sie vor langer Zeit für gut befunden hast. Sie haben dein Leben entscheidend mitgeprägt und sind alle in deinem Emotionalkörper gespeichert und wollen dein System verlassen. Die Zeit, in der sie dir dienlich waren, ist vorbei.*

*Akzeptiere die Tatsache, dass du deine Erfahrungen so machen wolltest, wie sie geschehen sind, aber lass jetzt zu, dass die Liebe aus deinem Herzen diese Situationen und gespeicherten Emotionen auflöst und transformiert.*

*Wie du selbst erkannt hast, funktioniert es nicht, sich hinzusetzen und mit Loslassen zu beschäftigen. Loslassen ist ein dauernder Prozess. Es ist ein Erkennen, das deine Göttlichkeit immer mehr freilegt. Da ich dich sehr gut kenne, weiß ich natürlich, dass du ein sehr neugieriger Engel bist, weshalb ich mir auch sicher bin, dass du dich ab sofort intensiv dem Aufarbeiten widmen wirst, weil nur so Heilung geschehen kann.*

*Ich wünsche dir Freude und gutes Gelingen.*
*Maria*

# Wie denkst du über Ego und Inneres Kind?

Hochgeschätzte Muttergottes!
Liebste Maria,

du kennst mich wirklich sehr gut, liebe Mutter.

Ich habe intensiv mit dem Auflösen und Loslassen begonnen, und ich kann dir sagen, dass mir das sehr guttut. Es brauchte natürlich eine gewisse Überwindung, weil immer dann, wenn ich dachte: Jetzt nehme ich mir die Zeit, um mich mit mir zu beschäftigen, mir hundert andere Dinge einfielen, die unbedingt vorher zu erledigen waren. Da ich in meiner spirituellen Entwicklung ja schon eine gewisse Erfahrung habe, weiß ich natürlich, dass mich in diesem Fall nur das Ego – mein innerer Schweinehund – von der geistigen Arbeit abhalten will.

Anfangs hat das Ego damit noch Erfolg gehabt, aber mittlerweile bin ich darüber hinausgewachsen. Entschuldige, dass ich mich selbst lobe, aber ich bin doch einigermaßen stolz auf meine Erfolge, denn sie sind hart erarbeitet. Dahinter stehen in den letzten Monaten viele Stunden Meditation, dutzende Bücher mit geistigem Inhalt und Fortbildungskurse mit spirituellen Lehrern. Dahinter stehen Verzicht, Zeit- und Geldaufwand. Aber für meine geistige Weiterbildung bin ich gerne bereit, noch mehr zu investieren. Ich muss ja nur daran denken, dass ich die Zutaten dafür durch das Gesetz der Anziehung in mein Leben hole, stimmt's? Du siehst, liebste Mutter, ich bin lernfähig.

Auch heute möchte ich eine Frage an dich stellen, die mir zu schaffen macht und von der ich dich bitte, sie mir zu erklären. Ich lese und höre immer wieder vom „Inneren Kind.“ Ich weiß schon, was damit gemeint ist, aber ist es wirklich von Belang, dass ich mich damit beschäftige? Gibt es nicht Wichtigeres als so ein Inneres Kind, das ich jemals weder gesehen noch gespürt habe?

Liebevolle Grüße vom Planeten Erde
sendet dir Aliana Kara

***Gott zum Gruß, geliebte Menschenseele!***
***Liebste Aliana Kara,***

*ich genieße wahrlich die Kommunikation mit dir. Sie ist erfrischend, ehrlich, neugierig und ungemein menschlich. Bleib so, denn es ist der Teil in dir, der authentisch ist. Selbstbeweihräucherung ist nun einmal eine menschliche Eigenschaft, die sich erst legen wird, wenn du erkennst, dass du sie nicht brauchst, weil du ohnehin göttlich und gesegnet bist.*

*Wenn du eine Menge Bücher liest, Zeit und Geld in deine Weiterbildung investierst, so ist das eine Entscheidung, die du für dich triffst. Jede Seele, die sich auf Erden inkarniert, trägt bereits alles Wissen in sich. Wenn sie sich entschließt, ihr spirituelles Bewusstsein auf andere Art zu erweitern, kann sie Bücher, Zeit und Geld in Anspruch nehmen, um Verschüttetes aus ihrem Inneren hochzuholen. Das ist jedem selbst überlassen und kein Grund, darüber viele Worte zu verlieren. Der eine benötigt Hilfestellung von außen, ein anderer lernt, indem er sich mit seinem inneren Sein verbindet. All das ist gut und richtig.*

*Doch da wir nun schon beim inneren Sein sind: Der Mensch besteht aus vielen Seelenaspekten, die seine Gesamtheit ausmachen. Ein Aspekt ist dein Inneres Kind. Es ist ein ganz wesentlicher Aspekt, meine geliebte Tochter. Es ist der Teil von dir, der die Ursprünglichkeit besitzt und hält. Ein Kind lebt seine Begeisterung, tut alles ohne Berechnung und ohne abzuwägen, ob etwas gut und schlecht ist. Ein Kind lebt aus dem Herzen und in seiner eigenen*

*Welt. Es wird unterstützt von seinen Schutzengeln und ist noch ganz eng mit seiner himmlischen Heimat verbunden. Ein kleines Kind, das mit seinem Spielzeug spielt, baut sich seine eigene Traumwelt auf, die nur es selbst sehen kann. Wenn Menschen ihre kindliche Welt nicht richtig ausleben durften oder dieses kindliche Leben aus ihrem Leben ausschließen, ist ihr Inneres Kind aus dem Gleichgewicht.*

*Es ist sehr traurig für mich zu erfahren, dass du keinen Kontakt mit deinem Inneren Kind hast, und es weder in deinen Meditationen gesehen noch je gespürt hast. Bitte hole dein Inneres Kind hervor und schau es dir genau an. Wie sieht es aus? Freudig, voller Tatendrang, oder zeigt es sich dir traurig, verloren und energielos? Frage dein Inneres Kind, was du für es tun kannst. Nimm es in den Arm, sprich mit ihm. Vielleicht braucht es Wärme und Zuwendung. Gib sie ihm.*

*Ich rate dir, schau dir dein Leben an: Wie du dich gibst, wie du fühlst und dich ausdrückst. Lebst du dein Inneres Kind, deine inneren Eltern und Geschwister? Du findest alles in dir, und du kannst jeden Aspekt kontaktieren und dich dort aussprechen. Du kannst auf diese Art und Weise sehr viel lernen. Spiegele dein Inneres Kind in deinem äußeren Leben wider. Damit drückst du deine Vielfältigkeit und Kreativität auf wundervolle Weise aus.*

*Ich wünsche dir genügend meditative Zeit, die du mit deinem Inneren Kind verbringen solltest.*

*In Liebe,*
*Maria*

# Was darf ich noch essen?

Hochgeschätzte Muttergottes!
Sehr verehrte Maria,

danke vielmals für deine Worte. Ich habe sie berücksichtigt und begonnen, mich mit meiner inneren Verwandtschaft zu beschäftigen. Sogar sehr intensiv. Es war ein umwerfendes Erlebnis für mich, so eng mit meinen Angehörigen in Kontakt zu kommen. Ja, ich habe mit meinen inneren Eltern Kontakt aufgenommen und konnte dadurch vieles, was mich belastet hat oder mir bis jetzt unklar war, auflösen. Ich habe doch tatsächlich Antworten auf meine Fragen bekommen, und die dazugehörigen Gefühle haben mir die Tränen in die Augen getrieben. Ich hätte es nie für möglich gehalten, dass mich das emotional so bewegen würde. Es waren wunderschöne, tief gehende Meditationen, in denen mir das Glück zuteil wurde, mich wieder eng mit meinen inneren Angehörigen zu verbinden. Ich danke dir, Maria, für deine aufrüttelnden Worte.

Was mein Inneres Kind betrifft, so war das leider nicht so lebhaft, wie ich es erwartet hatte. Es wirkte auf mich bekümmert, und es bedurfte einiger Überredungskunst, bis es „aus sich herausging".

Das hat mich schon sehr überrascht. Ich habe mir anfangs Vorwürfe gemacht, dass ich mich nicht schon längst mit ihm beschäftigt habe, aber dann fiel mir rechtzeitig ein, dass Vorwürfe nur zu Schuldgefühlen führen, weshalb ich sie sofort losgelassen und akzeptiert habe. Ich benötigte eben diese Zeit, um es zu erkennen. Ich verspreche dir und mir, dass ich mein Inneres Kind nicht mehr so vernachlässigen werde, wie ich es getan habe. So, das wäre es zu diesem Thema.

Eine andere Frage von mir betrifft das Essen. Ich weiß ja, dass Fleisch zu essen nicht spirituell ist, und ich habe mich viele Jahre lang daran gehalten, obwohl es mir sehr schwergefallen ist, das kannst du mir glauben, liebste Mutter. Aber was tut man nicht alles, um in seinem Umfeld Frieden zu haben. Welche Meinung hast du dazu, liebste Maria?

Lichtvolle Grüße sende ich dir.
Aliana Kara

***Gott zum Gruß, geliebte Menschenseele!***
***Liebste Aliana Kara,***

*ich habe dir schon gesagt, dass Dinge, die man mit Freude macht, gut sind. Und du solltest tun, was dir Freude macht, und nicht, weil andere es dir sagen. Ein humanerer Umgang mit euren Tieren würde euch sehr guttun, aber eine radikale Änderung deines Essverhaltens sollte nur ein Bedürfnis deines Herzens sein, hinter der die Kraft deiner Seele steht. Alles andere ist Verstellung. Du solltest niemals etwas tun, weil es von anderen verlangt wird oder weil du dich deinem Umfeld anpassen willst. Beides hat in dieser Zeit ausgedient.*

*Der Mensch sollte zu seinem Essverhalten stehen und sich dessen nicht schämen. Ich bin mir sicher, dass du mir zustimmst, dass es besser ist, auf die Signale des Körpers zu hören. Euer menschlicher Körper ist ein wundervolles Instrument, auf das ihr viel zu wenig achtet. Es ist die Schwingung eures Körpers, die euch anzeigt, welches Essen für euer System am besten bekömmlich ist. Gemüse und biologisch wertvoll angebautes Getreide ist lichtvoll, während Fleisch nun einmal die dichteste Schwingung hat, das sollte dir bewusst sein.*

*Aber es hat auch bereits in diesem Bereich ein großes Umdenken stattgefunden. Viele Landwirte stellen sich auf die veränderten Wünsche der Menschen ein und haben ihren Betrieb auf eine artgerechtere Viehhaltung und Vermarktung umgestellt. Dies wird in der kommenden Zeit noch viel mehr zunehmen, genauso, wie sich die merk-*

*liche Veränderung des Essverhaltens bei vielen von euch einstellen wird. Und, ja, auch bei dir!*

*Überdenkt euer Essverhalten auch in Bezug auf die Meerestiere. Hier betreibt ihr Raubbau um des kommerziellen Erfolgs willen. Ihr belastet die Meere mit Schadstoffen und Abfällen, ohne euch auch nur im Geringsten der Tragweite und des Ausmaßes bewusst zu sein. Ich bitte euch, denkt um! Der blaue Planet Erde könnte der Garten Eden sein, würden die Menschen ihr Einssein mit Allem-was-ist, erkennen.*

*Wenn einst auf eurem Globus politische und religiöse Führer Entscheidungen aus dem Herzen treffen – zum ausschließlichem Wohl ihrer Völker–, werden sich jene bahnbrechenden Veränderungen einstellen, für die das Wassermannzeitalter steht; und eine Ära der Brüderlichkeit, der Freiheit und Fülle für jeden von euch wird die Frage sein. Ihr seid auf dem Weg dahin. Und jeder Einzelne kann dazu beitragen, indem er für sein Umfeld das tut, was aus seinem Herzen kommt.*

*Meine Liebe, lebe die Freude, die du bist, liebe das Leben mit all seiner Vielfältigkeit, stehe zu dem, was du fühlst und gerne tust, segne deine Nahrungsmittel, wenn du sie zubereitest oder vorgesetzt bekommst, und achte auf deine Umwelt. Auf diese Art erhöhst du die lichtvolle Schwingung in deinem Körper und deinem Umfeld. Denn eure lichtvollen Schwingungen sind es, die Kreise ziehen und die Welt verändern werden. Wenn genug Menschen auf ihren Körper und die Signale, die er aussendet, hören, wird ein globales Umdenken stattfinden, das automatisch die Veränderung hin zu lichtvoller Ernährung bringen wird.*

*Erkennt, dass eure Tiere beseelt sind und Gefühle haben. Dankt ihnen, dass sie sich für eure Nahrungskette zur Verfügung gestellt haben, und nehmt es nicht als Selbstverständlichkeit hin.*

*Liebe Aliana Kara, segne dein Essen, dein Wasser, es ist das Elixier, das dich am Leben erhält. Alles ist Schwingung – alles ist in Bewegung und Veränderung. Denke darüber nach, meine Liebe.*

*Ich wünsche dir Wohlbefinden und Freude.*
*Maria*

# Wie denkst du über Freunde?

Geliebte Gottesmutter!
Sehr verehrte Maria,

es hat dieses Mal ein wenig länger gedauert, ehe ich dir antworte. Der Grund dafür ist, du weißt es, dass ich einige Zeit über deine letzten Worte nachdenken musste. Aber du hast natürlich wieder so recht. Man *ist* nicht nur sehr oft gedankenlos, man *isst* auch oft sehr gedankenlos.

Dass sich unsere Nahrung schwingungsmäßig unserem Körper anpassen sollte, kann ich verstehen. Ich fühle mich des Öfteren nicht wohl, wenn ich Nahrung gedankenlos in mich aufnehme, das hat mir mein Körper in letzter Zeit immer wieder gezeigt. Aber ich habe es nicht mit der Schwingung meiner Nahrungsmittel in Zusammenhang gebracht. Außerdem bemerke ich in letzter Zeit immer öfter, dass mein Körper auf bestimmte Fischgerichte mit juckendem Ausschlag reagiert. Ich erkenne nun den Zusammenhang mit den belasteten Meeren und ihren Lebewesen, für die der Mensch verantwortlich ist, und die Auswirkungen dessen letztendlich wieder auf den Menschen zurückfallen. Welch ein Kreislauf!

Ich werde mich wirklich bemühen, meiner Ernährung mehr Aufmerksamkeit zu widmen, und nicht nur meinem geistigen Wachstum. Ich habe mir gedacht, es genügt, wenn ich mich spirituell weiterbilde. Doch nach deinen Worten weiß ich, wie wenig ich wirklich auf die Bedürfnisse meines Körpers geachtet habe. Dabei ist er doch der Tempel, durch den Gott sich in seinem Menschsein ausdrückt. Habe ich das schön formuliert, liebste Maria? Ich gestehe, dass ich es in einem Buch so gelesen habe.

Es gibt so vieles, wovon wir uns ernähren könnten, wenn wir nur anfangen würden umzudenken.

Heutzutage leben die meisten von uns nur aus dem Kopf. Ich mache da keine Ausnahme. Die ganze Welt wird durch meine Gedanken gelenkt. Ich lasse mich von Medien und Werbung beeinflussen, und daher entspringen viele meiner Gedanken aus Ängsten. Ich frage mich, ob ich mit dem Geld über die Runden komme, was andere über mich denken (leider immer noch!), und ich fürchte mich vor Verlusten. Dass sich solche Ängste durch die dichte Schwingung meiner Nahrungsmittel nur umso mehr in mir festigen, ist mir in diesem Moment erst klargeworden. Immer gleiche Denkmuster von Angst und Besorgnis wiederholen sich, bis der Geist sich an sie gewöhnt hat und sie nicht mehr loslassen kann. Das zu erkennen hat mir einen nicht geringen Schock verursacht. Doch wie du weißt, bin ich lernfähig und bereit umzudenken. Ich will aus dem alten Denken aussteigen, und wenn dazu gehört, dass ich meine Ernährung einer grundlegenden Überprüfung unterziehe, dann werde ich das tun.

Ebenso häufig, wie sich gelegentlich körperliche Probleme mit meinem Magen, meiner Galle und anderen Organen zeigen, passiert das auch mit Menschen in meinem Umfeld. Ich habe jahrelang Freunde gehabt, mit denen ich mich hervorragend verstanden habe. Doch ich weiß nicht, wie ich dir das am besten erklären kann. Plötzlich habe ich keinen Draht mehr zu ihnen, wenn du verstehst, was ich meine. Früher habe ich mich wohlgefühlt, wenn es rundgegangen ist oder ich mich in einer Menschenmenge aufgehalten habe. Das vertrage ich plötzlich nicht mehr. Kannst du mir sagen, liebe Mutter, was mit mir los ist? Ist es das zunehmende Alter, oder...?

Mein Herz grüßt dich, geliebte Mutter.
Deine Aliana Kara

***Gott zum Gruß, geliebte Menschenseele!***
***Liebste Aliana Kara,***

*Alter ist keine feststehende Tatsache, meine Liebe. Alter hat mit dem Denken zu tun. Wenn du dir die Denkweise zu eigen machst, dass Menschen ab einem gewissen Alter zu den Alten gehören, dann wird es genauso sein. Das liegt aber an deiner Betrachtungsweise und sollte nichts mit deinen Empfindungen zu tun haben. Es gibt genügend Beispiele, die dir vor Augen führen, dass man mit über neunzig noch gesund und lebensfroh sein kann. Menschen, die geistig beweglich und offen für die Fülle des Lebens bleiben, setzen ihre Prioritäten anders als jene Menschen, die mit dem Erreichen des Ruhestands der Meinung sind, sie müssten in jeder Beziehung die Hände in den Schoß legen und auf das Unvermeidliche warten.*

*Ich kann dir auch hierzu nur sagen: „Des Menschen Wille ist sein Himmelreich“, und dir raten: „Bleibe jung im Herzen und Denken. Du bist nur so alt, wie du dich fühlst.“ Das ist doch ein Spruch, der auf Erden sehr gängig ist. Wisse, er hat seine Richtigkeit.*

*Was dein verändertes Verhalten zu einstigen Freunden betrifft, so ist das leicht erklärbar. Du hast ab einem bestimmten Zeitpunkt begonnen, dich spirituell weiterzuentwickeln. Viele Dinge, die zuvor von Wichtigkeit für dich waren, waren es auf einmal nicht mehr in diesem Ausmaß. Diese Veränderung hast du ausgestrahlt, und dein Umfeld hat sie wahrgenommen. Menschen fühlen sich immer von anderen angezogen, die eine ähnliche oder zumindest ihnen zugängliche Energie ausstrahlen. Jeder von euch hat seine individuellen Energiemuster. Sie unterscheiden sich genauso voneinander wie eure persönlichen Eigenschaften. Was für den einen noch anziehend ist, kommt dem anderen abstoßend oder verwirrend vor.*

*Du, meine Liebe, hast durch deine Bewusstseinsarbeit deine Schwingung verändert, die keine Einladung mehr bot für Menschen, die im anderen Denken geblieben sind, bei dir anzudocken. Das lag nicht an deinem äußeren Erscheinungsbild, sondern entsprach einem Gefühl, das andere intuitiv von dir aufnahmen. Dies ist auch der Grund, weshalb du dich in größeren Menschenansammlungen nicht mehr wohlfühlst. Die vielen unterschiedlichen Energiemuster sind eine Überlastung für deine Sinne. Doch dem kannst du aus dem Weg gehen, indem du dich nicht dorthin begibst. Wenn es denn wirklich einmal unumgänglich ist, so bitte um den Schutz deiner geistigen Führer, die dir helfen werden, mit dem Übermaß an Energie zurechtzukommen.*

*Menschen haben ein spirituelles Reservoir, das bei allen gleich groß ist, doch sie entscheiden sich dafür, sich unterschiedlich zu entwickeln. Der eine öffnet sich früher für die wesentlichen Dinge des Lebens, während ein anderer zuvor noch andere Erfahrungen sammeln will, ehe er sich mit den Dingen des Geistes und der Seele befasst. Das ist gut so und in Ordnung. Die allgemeine Schwingungsveränderung erfasst jeden ohnehin zum für ihn passenden Zeitpunkt und so, wie es sich für ihn richtig und gut anfühlen wird. Die Menschheit erlebt in diesen Jahren den Auftakt zu einer spirituellen Renaissance, die bedeutet, dass sich Geistigkeit und Stofflichkeit nicht ausschließen, sondern ergänzen. Viele von euch spüren die Veränderung als etwas Neues und sich selbst als Teil davon. Doch wie er damit umgeht, bleibt jedem Einzelnen von euch überlassen.*

*Es ist schon erstaunlich: Menschen, die einst in den höchsten Vorstandsetagen tätig waren, überlegen heute, ob sie nicht lieber aussteigen und zum Beispiel Landwirt werden sollen, weil sie beginnen, die Leere in ihrem Herzen zu fühlen. Oft sind Veränderungen im Grunde ein Segen. Zum Beispiel fragen sich heutzutage Menschen, die ihre Anstellung verlieren, ob sie nicht lieber einen anderen Beruf ergreifen sollten, weil der ihnen mehr spirituelle Erfüllung schenken würde.*

*Katastrophen, wie jene vom 11. September 2001 in Amerika, bewog Menschen auf der ganzen Welt zu der Frage, was im Leben wirklich wichtig ist. Dieser Tag der Katastrophe hat eine große Suche nach der eigenen Spiritualität ausgelöst. Viele von euch haben einen Impuls in sich verspürt zu fragen, was sie in ihrem Leben verändern könnten, und haben begonnen, sich mit Engeln, Auralesen, Energie- und Lichtarbeit zu beschäftigen. Krisen zu erleben und Schweres zu tragen kann manchmal auch eine Bereicherung im Leben bestimmter Menschen sein.*

*Licht und Liebe. Nie waren sie so notwendig wie heute. Die Menschen wollen Licht, und sie wollen Liebe, aber jemand muss ihnen sagen, dass sie dafür auch etwas tun müssen. Nur darauf zu warten, dass ihre Lampe entzündet wird, funktioniert nicht mehr. Der Mensch muss das Streichholz betätigen und es an den Docht halten, wenn er vermehrt Licht und Liebe in seinem Leben haben möchte. Wir, eure geistigen Helfer, sind der Docht und immer da und bereit, und wir warten, dass jemand von sich aus den Docht entzündet. Wir helfen euch beim Leuchten, aber ihr muss dafür bereit und offen sein.*

*Es ist Teil deiner Bestimmung, meine Liebe, meine Worte an andere weiterzugeben. Diese warten sonst auf ein Wunder, das nicht eintreten wird. Dabei genügt doch nur ein kleiner Funke von ihnen, und das Licht – ihr Licht – das sie entzünden, wird weithin leuchten.*

*Bleibe bereit, bleibe offen, wie du es bis jetzt getan hast; sei der Leuchtturm, der anderen zeigt, wo und wie sie das Licht entzünden können, und sage ihnen auch, dass sie es selbst entzünden müssen.*

*Sei gesegnet vom göttlichen Licht.*
*Deine Maria!*

## Über Zweifel, Vertrauen und Glauben

Allerliebste Gottesmutter!
Verehrte Maria,

vielen herzlichen Dank für dein letztes Schreiben. Es hat mich fast umgehauen vor Freude, als ich las, dass ich ein Leuchtturm sein soll. Meinst du das wirklich ernst? Ich habe da so meine Zweifel, dass ich für so etwas geeignet sein soll. Aber in diesem Fall beuge ich mich herzlich gerne deiner Allwissenheit. Das wäre ein Ding! Daran muss ich mich erst gewöhnen. DANKE, liebste Mutter. Ich stelle mit Erstaunen fest, wie sehr ich durch unsere Korrespondenz an Erfahrung zunehme, und auch, wie sehr mein Selbstbewusstsein dadurch angehoben wird. Da sieht man doch gleich: Loben ist besser als prügeln.

Entschuldige, liebe Maria, der Vergleich ist ein wenig grob ausgefallen, aber du verstehst mich schon, dessen bin ich mir sicher.

Ja, diese Katastrophe in Amerika hat auch bei uns sicherlich zu großen Veränderungen geführt. Es war anschließend nichts mehr so wie vorher. Viele Menschen haben angefangen, den Sinn des Lebens zu hinterfragen und auch für sich selbst Veränderungen eingeleitet. Dass Unglück und scheinbare Ungerechtigkeiten oft dazu führen, dass man erst hinterher das Gute darin erkennt, habe ich selbst am eigenen Leib erfahren. Aber bis man zu der Erkenntnis gelangt, dass man für „Schicksalsschläge“ dankbar sein soll, braucht es schon seine Zeit. Und vergiss nicht, wie sehr wir Menschen vom Zweifel abhängig sind. Zweifel ist ein wesentlicher Bestandteil unseres Lebens, der uns das Dasein ganz schön vermiesen kann. Ich spreche da aus eigener Erfahrung.

Jetzt beschäftige ich mich doch seit längerem mit den wesentlichen Dingen des Lebens, ganz besonders seit Beginn unserer Korrespondenz, und was passiert? Bei den kleinsten Begebenheiten in die andere Richtung, die von anderen an mich herangetragen werden, oder auch von solchen, von denen ich lese und höre, fallen die Zweifel über mich her, als ob ich ihr Quartiergeber wäre. Sie haften an mir und schaffen es, dass ich viele Stunden lang mit meinem Glauben hadere. Dann werde ich depressiv und sehe das Licht am Ende des Tunnels nicht. Liebste, verehrte Maria, weshalb kann einem der Zweifel das Leben so schwer machen?

Ich habe dich sehr lieb.
Aliana Kara

***Gott zum Gruß, geliebte Menschenseele!***
***Liebste Aliana Kara,***

*ich grüße dich im Licht des Herrn.*

*Du bist ein gutes Beispiel dafür, dass Menschsein nicht einfach ist. Ihr schlagt euch mit Dingen herum, die euch das Leben schwer machen, dabei wäre es doch so einfach, hättet ihr nur etwas mehr Vertrauen und Glauben.*

*Ihr seid alle göttlich geführt, ob ihr nun daran glaubt oder nicht. Es ist so. Wie ein wundervoller großer Strom werden euch göttliche Fähigkeiten, Ausdrucksweisen und Weisheiten zugeführt, damit sie sich in eurem Leben verwirklichen können. Doch ihr lasst das nicht immer zu.*

*Ich habe dir schon gesagt, dass du zu wenig auf deine innere Stimme hörst, dafür zu viel auf andere und deren Ansichten Wert legst. Bitte halte dir vor Augen, dass es ihre Ansichten sind, denen du Glauben schenkst; sie sollen jedoch nicht zu den deinigen werden, außer du lässt es zu. Dann darfst du dich aber auch nicht darüber beklagen, dass deine Stimmung umschlägt. Es ist deine Seele, die sich auf diese Weise bemerkbar macht. Sie spricht immerfort zu dir, aber du hörst meistens nicht zu.*

*Vertrauen ist das, woran du arbeiten solltest. Vertrauen ist die Leiter, die dir über Gräben hinweghilft, damit du die andere Seite erreichst. Ohne Vertrauen nützen alle Sprüche, Seminare und Vorgaben nichts, denn Vertrauen ist nun einmal ein Grundpfeiler. Auf Vertrauen sollte sich dein Leben aufbauen. Liebe ist der Leim, Wissen und Kraft sind die Wände, und das Dach ist die Quelle, aus der du gekommen und zu der du einst wieder zurückkehren wirst. Wahres Vertrauen schenkt dir Mut und Hoffnung, dass nichts überflüssig war, dass sich nichts ohne Grund in deinem Leben zugetragen hat.*

*Deine Integrität, dein Glaube und dein unbegrenztes Vertrauen in die göttliche Führung sind es, die du in schwierigen Situationen beweisen sollst. Sind dein Glaube und dein Vertrauen zu Gott stark und fest genug, um nicht in eine negative Gedankenhaltung zu verfallen? Wisse, dass du an Schwierigkeiten wächst, da sie in Wahrheit Prüfungen sind. Denn dein Leben gleicht nicht dem Leben anderer oder soll dem Denken anderer entsprechen. Es ist dein Leben, und es ist ein großartiges Leben, für das du einstehen sollst.*

*Nimm dir nicht andere zum Vorbild, diese leben nach ihren Vorstellungen, ob diese nun begrenzend sind oder nicht. Du sollst anders denken und sein. Großzügig im Denken und Handeln, grenzenlos im Glauben und Vertrauen und weit offenen Herzens für die Stimme deiner Engel. Sei offen für das Vertrauen, damit sich nun die Öffnung vollziehen kann, die zum jetzigen Zeitpunkt für dich richtig und angemessen ist. Damit Veränderung stattfinden und Neues in dein Leben eintreten kann, ist es wichtig, Platz und Raum in dir zu schaffen. Mache einen gründlichen Hausputz in deinem Umfeld und, vor allem, in deinem Inneren. Mache einen Lebensrückblick und entferne die Dinge aus deinem Leben, die dir nicht mehr dienlich sind, die Bereiche, in denen momentaner Stillstand herrscht, die stagnieren und nicht mehr im Fluss sind. Wisse, du benötigst sie in dieser Neuen Zeit nicht mehr. Deine alten, dir vertrauten Vorgehens- und Handlungsweisen sind nicht mehr angemessen für die Energie des Wassermannzeitalters.*

*Wir halten dich fest umfangen und grüßen dich im Licht.*

*Ich umarme dich,*
*Maria*

## Wie denkst du über Veränderung?

Hochverehrte Muttergottes!
Liebste Maria,

deine Antwort gibt mir schwer zu denken. Du hast von Veränderung gesprochen, liebe Maria, und genau darüber wollte ich schon längst mit dir reden. Ich sollte mich wirklich nicht mehr darüber wundern, aber ich vergesse immer wieder, dass dir nichts in meinem Leben verborgen bleibt. Auch nicht meine tiefsten Gedanken und Wünsche. Ja, ich mache mir sehr viele Gedanken über mein Leben, weil ich fühle, dass ich so, wie ich zurzeit lebe, nicht weitermachen will. Mir fehlt etwas, geliebte Mutter. Ich kann es nicht genau definieren, es ist eine Sehnsucht des Herzens, wenn du verstehst, was ich meine. Ein Heimweh nach etwas, das ich nicht erklären kann. Kannst du mir sagen, was es ist, Maria?

Ein Drängen nach etwas Neuem, das mein Leben aus der Eintönigkeit des Bisherigen herausholt. Klingt das sehr verrückt? Bin ich vielleicht schon verrückt? Ich hoffe doch, dass es etwas anderes ist und sich mit der Zeit wieder legt.

Wenn du erlaubst, möchte ich versuchen, es in Worte zu fassen: Mich zieht es neuerdings zu Dingen hin, die unter den Begriff „Esoterik“ fallen. Mir gefallen auf einmal Dinge, für die mir in früherer Zeit das Verständnis gefehlt hat. Plötzlich höre ich gerne klassische Musik, kannst du dir das vorstellen? Ich habe neue Freundinnen gefunden, die meine Ansichten verstehen und sozusagen auf der gleichen Welle schwimmen. Ist dies das Neue Zeitalter, von dem du gesprochen hast, geliebte Mutter? Aber warum geht es dann nicht allen Menschen so, dass sie das Bedürfnis verspüren, sich mehr mit sich selbst zu beschäftigen, die Natur zu lieben und Meditieren zu einem Bestandteil ihres Lebens zu machen?

Auch was den Hausputz betrifft, kann ich dir nur zustimmen. Ich habe, nachdem ich deinen Brief gelesen habe, sogleich damit begonnen. Erst einmal die Kästen durchgesehen und mich von den Dingen getrennt, die ich ohnehin immer zur Seite geschoben und nicht angezogen habe. Zwar habe ich dabei ganz schön mit meinem Ego zu kämpfen gehabt, das mir weismachen wollte, ich würde sicher bald abnehmen und dann wieder in die schönen Sachen hineinpassen, aus denen ich seit Jahren „herausgewachsen" bin. Dank deiner aufmunternden Worte und eines Gefühls, das sich während der Tätigkeit in mir breitgemacht hat, habe ich es dann doch geschafft, die Dinge wegzugeben. Solche Dinge anzunehmen und durchzuziehen sind nicht immer leicht, liebe Mutter, aber wem sage ich das?

Und zurzeit bin ich dabei, mein Inneres zu durchforsten. Ich glaube, da brauche ich noch sehr viel Zeit dazu, denn es hat sich doch sehr viel an – ich gebe es zu – Mist in mir angehäuft. Bis ich die Spreu vom Weizen getrennt habe, wird es wohl noch einige Zeit dauern, aber so lange möchte ich dich nicht warten lassen. Ich weiß ja inzwischen, dass du dich über meine Briefe freust, so, wie ich mich über deine freue.

Liebste Mutter, reicht das für den Anfang, um Veränderung in meinem Leben zu bewirken, oder gibt es da noch mehr, was ich tun müsste...äh, sollte?

In großer Ehrfurcht,
Aliana Kara

**Gott zum Gruß, geliebte Menschenseele!**
**Liebste Aliana Kara,**

*Mein liebes Kind, du bist absolut nicht verrückt, sondern ver-rückt! Das heißt nichts anderes, als dass du beginnst, auf deine Seele zu hören, auf die Botschaften, die wir dir aus dem Geistigen zukommen lassen.*

*Die Sehnsucht deines Herzens zeigt dir an, dass du dich mehr mit deiner spirituellen Entwicklung beschäftigen sollst als mit den Illusionen, die dein Leben abwechslungsreich machen. Diese Abwechslung befriedigt dich nicht mehr. Du strebst nach mehr – nach der Vereinigung mit deinem wahren Sein. Du bist ein menschlicher Engel, so, wie ihr das alle seid. Als solcher beginnt dein Herz sich nach dem Licht zu sehnen; jenem Licht, das dein Leben freier, froher und harmonischer gestalten wird.*

*Nicht jeder Mensch reagiert so. Meistens ist es so, dass Stress und Hektik, in die sich Menschen einspannen lassen, verhindern, dass sie die innere Stimme hören. Ich, mein Kind, spreche zu euch allen, und es freut mich jedes Mal, wenn wieder eine Seele zu hören und zu verstehen beginnt. Deine Seele, liebe Aliana Kara, lässt dich erkennen, dass es Zeit wird, deine Bestimmung zu leben. Auch du hast dir bis jetzt im Strudel deines Alltagslebens nicht die Zeit genommen, auf die Bedürfnisse deiner Seele einzugehen.*

*Erinnerst du dich an die Worte, die wir über dein Inneres Kind gesprochen haben? Auch das hast du lange nicht wahrgenommen, dabei wollte es schon Zeit deines Lebens von dir in den Arm genommen werden. Mit deiner Seele ist es genauso. In ihr sind alle Bedürfnisse und Emotionen gespeichert, die deine Leben und, vor allem, dein bisheriges ausmachen. Du hast dir vor deiner Verkörperung auf Erden vorgenommen, in diesem Leben dafür einzustehen, dass du das Licht und das Wort Gottes verbreiten willst. Das heißt nicht, dass du dafür einen theologischen Beruf ergreifen sollst. Deine Bestimmung, geliebter Erdenengel, kannst du überall leben. Du kannst überall dein Licht einbringen: in deine Familie, in dein Umfeld und durch deine Schriften hinaus in die Welt.*

*Dein Wunsch nach Veränderung entspricht der Energie des Wandels. Alles im Leben ist dieser Energie untergeordnet, doch nicht alle Seelen geben ihrer tiefen Sehnsucht danach nach. Angst hindert sie, ihre Wünsche umzusetzen. Immer öfter besiegst du die Angst, die natürlich auch in dir ist. Wenn es für dich nicht passend wäre, würdest du dieses Bedürfnis nach Veränderung nicht so massiv in dir verspüren. Du bist immer aus dem Geistigen geführt. Auch wenn sich unsere Führung manches Mal als für dich unverständlich oder schmerzvoll anfühlen mag, so geschieht es doch nur deshalb, um dir eine weitere Erfahrung in Liebe zukommen zu lassen. Du lernst aus Liebe, mein geliebtes Kind. Du lernst, um die Liebe in der Angst zu erkennen, und du lernst, dich durch Liebe zu erfahren. Veränderung ist zu begrüßen und umzusetzen. Befrage dabei dein Herz. Wie fühlt sich Veränderung für dich an? Geht dir dabei das Herz auf? Was sagt deine innere Stimme zu der Veränderung?*

*Wenn du die Fragen eindeutig mit Ja beantworten kannst, bist du auf dem richtigen Weg. Veränderung, ob räumlicher oder intellektueller Art, sollte immer aus innerster Zustimmung erfolgen. Deine Engel im Licht und ich stehen zu jeder deiner Entscheidungen. Wenn es sich in deinem Herzen gut anfühlt, bedeutet es, dass du in Übereinstimmung mit deiner Seele und dabei bist, eine Erfahrung des Herzens zu machen. Diese Erkenntnis umzusetzen dauert. Nicht nur eine gewisse Zeit, sondern manches Mal ein ganzes Leben lang. Es ist nicht einfach, die Glaubensstrukturen zu erkennen, die deine gesamte Wirklichkeit erschaffen. Das, was du glaubst, bildet die Bausteine deiner Realität. Lerne Offenheit für Veränderung zu haben, sonst widerstrebst du dem Wandel. Wisse, auch die menschliche Natur selbst verändert sich. Daher macht es Sinn, auf Veränderungen nicht auf dramatische Art und Weise zu reagieren. Lass dich nicht in Dramen hineinziehen, sondern spüre die Veränderung als etwas Angenehmes und fühle dich als Teil davon.*

*Deine „Dramen" tauchen stets dann auf, wenn du an einer Schwelle stehst, und sie sind eine Prüfung. Bisher dienten dir deine persönlichen Dramen als eine Art Versicherung, dich vor dem großen Sprung einer sich ändernden Bewusstseinshaltung zu bewahren. Sei jedoch den Widrigkeiten dankbar und erkenne, was sie dir wirklich zeigen. Sie machen dich nämlich aufmerksam auf das, was dich bisher stets aus deiner Mitte geworfen hat. Sobald du dies erkennst, hast du auch die Möglichkeit umzudenken, dich wieder auf das Wesentliche zu konzen-*

*trieren. So kommst du am leichtesten durch diese Zeit der Transformation. Fürchte nichts, sondern freue dich.*

*Hab keine Angst, denn ich bin bei dir und um dich, in jeder Minute des Tages. Wenn du schläfst, sind wir zusammen in den lichtvollen Energien. Dort stärke und inspiriere ich dich und führe dich zu deinen Wurzeln zurück – zur Essenz deines Seins. Dort verschmilzt du mit der Liebe, die alles ist. Dort bist du zu Hause und erkennst dein wahres Sein, deine Aufgabe, dein unendliches Potenzial, das dir mitgegeben wurde, damit du es lebst und an andere weitergibst.*

*Wenn du Veränderung immer wieder hinauszögerst, obwohl du fühlst, dass du sie zulassen solltest, bist du blockiert. Du hast Angst vor dem, was auf dich zukommen könnte, und fürchtest, es nicht kontrollieren zu können. Doch genau diese blockierten Energien und die Angst sind es, weshalb du ein Ziel, das du dir gesetzt hast, nicht erreichst. Mangelndes Vertrauen in die göttliche Führung führt dazu, dass du Dinge, die du schon immer umsetzen wolltest, nicht umsetzt.*

*Dabei ist deine Bestimmung doch klar! Du solltest sie leben, denn sie erfüllt dich mit grenzenloser Freude und Demut, sodass du dir gar nichts anderes mehr vorstellen kannst. Du bist auf dem Weg. Gehe ihn gerade, ohne Umwege, lass Kontrolldenken los und sei voller Vertrauen! Alles Blockierende löst sich auf die Weise und zu dem Zeitpunkt auf, der dir vorbestimmt ist. Alles ist gut.*

*Lass dich nicht ablenken, sondern gehe unbeirrt den Weg deiner Bestimmung. Fühle, wie sehr deine Schutz-*

*engel dich beeinflussen und mit Liebe und Inspiration umgeben. Nimm deine Wertigkeit an. Beanspruche die Fülle des Universums, auf dass sie dich frei, unabhängig, unbegrenzt und glücklich macht. Sie ist dein!*

*Nimm die Inspirationen ernst, die du aus dem Geistigen bekommst. Schreibe, wann immer du kannst, wir inspirieren dich. Alle brauchen es, dass sie mit lichtvollen Schwingungen und hoffnungsvollen Aussagen beschenkt werden. Zweifle nicht an dir, denn du bist Liebe, Vertrauen und die Kraft, die unsere Botschaften weitergeben wird, zu deinem und zum Wohl aller Menschen. Erlaube dir, in Liebe meiner Stimme zu lauschen und dich von ihr führen zu lassen. Gesegnet sei dein Tun.*

*Deine Engel umarmen dich.*
*Maria*

## Wie denkst du über Eigenverantwortung?

Hochverehrte Muttergottes!
Liebste Maria,

dein letzter Brief hat mich zum Weinen gebracht, denn deine Worte haben mich unsagbar berührt. So schöne Worte. Sie zu lesen macht viel Freude und auch ein wenig stolz. Ich bedanke mich für das Vertrauen, das du in mich setzt, liebste Gottesmutter. Meinst du das wirklich ernst, dass ich mit Worten beziehungsweise Schriften in die Welt hinausgehen soll? Ja, du meinst es sicher so, denn sonst würdest du es nicht schreiben. Nur ich selbst kann es nicht so ganz glauben, aber ich arbeite daran, denn ich weiß noch ganz genau, was du mir über Selbstliebe und Vertrauen geschrieben hast.

Vielen Dank auch für deine Bestätigung, dass du und die Engel immer um mich seid. Dies zu wissen, ist ein wunderschönes Gefühl. Ich verspreche auch, mich immer mehr von meinen Ängsten zu verabschieden und stattdessen mein Herz für die Wunder des Lebens zu öffnen. Ich weiß, dass erst ich mich ändern muss, wenn sich auch mein Umfeld ändern soll.

Aber weißt du, geliebte Mutter, das Leben, wie es jetzt ist, ist nicht einfach. Viele Freunde sind aus meinem Blickfeld verschwunden, weil unsere Schwingung nicht mehr dieselbe ist; die Kinder leben mittlerweile ihr eigenes Leben, das ich akzeptiere..., akzeptieren *muss*; meinem Partner gebe ich den Freiraum, den er braucht, um seine

Spiritualität selbst entwickeln zu können; ich bin freundlich zu allen Wesen und zur ganzen Schöpfung – trotzdem zieht mich die Schwerkraft gelegentlich nach unten. Wenn ich deine Zeilen lese, bin ich so beflügelt, dass es mich zum Himmel hochzieht, doch dann gibt es Zeiten, in denen ich das Licht um mich herum nicht mehr sehe. Daran sind sicherlich die Enttäuschungen schuld, die ich immer wieder erlebe, obwohl ich doch alles tue, damit es lichtvoll um mich ist. Weißt du, manches Mal ist alles so mühsam und macht keinen Spaß – von der Arbeit angefangen, bis hin zum Feierabend. Da bin ich in einer Stimmung, in der ich das Flüstern der Engel nicht hören kann und auch deine Anwesenheit nicht mehr spüre. Liebe göttliche Mutter, wie soll ich mit Enttäuschung umgehen?

Ich grüße dich mit aller mir innewohnenden Ehrfurcht und Liebe.

Aliana Kara

***Gott zum Gruß, geliebte Menschenseele!***
***Liebste Aliana Kara,***

*sei nicht verzagt, geliebtes Menschenwesen. Es ist ganz natürlich, dass du Zeiten hast, in denen dein Herz himmelhochjauchzend vor Freude schlägt, und dann wieder Zeiten, in denen dich nicht erklärbare Stimmungsschwankungen befallen. Das hat mehrere Gründe. Einer davon ist die allgemeine Transformation, die alle Menschen mehr oder weniger zu spüren bekommen. Jeder reagiert darauf unterschiedlich. Der eine mit Aggression, ein anderer mit Wehmut und Depression, wieder andere mit körperlichen Beschwerden oder eben mit Stimmungsschwankungen. Kämpfe nicht dagegen an, meine Liebe. Je mehr du dagegen kämpfst, umso häufiger wirst du in den Strudel der Transformationsenergien hineingezogen.*

*Liebe Aliana Kara, gehe doch in deine Eigenverantwortung! Es ist Zeit für dich zu erkennen, dass du alles in dir findest, und es ist jetzt ein Wendepunkt in deinem irdischen Sein. Du bist aufgefordert, deine Kraft und Macht zu leben. Hebe dich von den negativen Geschehnissen deines Lebens ab wie ein Falke, der, von der Thermik getragen, sich in die Lüfte erhebt. Betrachte dein Handeln vom Standpunkt des Falken aus, und du wirst erkennen, wie unwichtig die Probleme sind, die du dir oft selbst bereitest. Aus der Sicht des Falken siehst du nicht nur das kleine, begrenzte Stück, sondern einen Teil des Ganzen. Das empfehle ich dir zu tun. Nicht im „Sich Verzetteln“ verlieren, sondern die Dinge stets aus der Vogelperspektive*

*– aus himmlischer Sicht – zu sehen. Sei wie der Falke. Breite deine Flügel aus, du hast doch auch welche mitbekommen!*

*Gehe in deine Eigenverantwortung. Sie ist es, die dich weiter voranbringt. Jede Zelle deines Seins sollte von ihr vibrieren, damit du dir ein Leben in Freude, Liebe und Fülle kreieren kannst. Lass dich nicht hinabziehen in die Emotionen niederschwingender Gefühle. Sie behindern deinen Aufstieg und verzögern das Annehmen des neuen Wissens.*

*Eigenverantwortung bedeutet, sein Leben nach eigenen Vorstellungen zu kreieren und alles dafür zu tun, damit Dinge sich verwirklichen. Dazu gehört, dass du deine Aufmerksamkeit, deinen Fokus, konsequent auf das ausrichtest, was du möchtest, und nicht darauf, was du nicht möchtest. Denn wie du weißt, ziehst du das in dein Leben, worauf du deine Aufmerksamkeit richtest. Wisse, wenn du lange genug Eigenverantwortung lebst, wird sich dein Leben verändern, und du kannst voller Freude sagen: „Mein Leben ist meine Eigenkreation. Seht her, mir geht es gut!" Das ist, was eine erleuchtete Frau tun sollte. Ihre Eigenermächtigung leben und so zum Vorbild für andere Frauen werden.*

*Eigenermächtigung ist gelebte Schöpferkraft, geliebte Tochter. Du hast alles in dir. Erfülle deine Schöpfungen mit all der Freude, die du aufbringen kannst, mit all dem Licht, das du bist, und mit dem Segen des göttlichen Vaters, der seine Engel auf Erden zur Mitarbeit auffordert.*

*Euer gemeinsames Wirken, das Licht aller Frauen und der Meisterinnen, die unerkannt zwischen euch leben und wirken, heben die Schwingung des Planeten an, damit er zu einem Universum des Friedens wird, so, wie es aus dem Göttlichen für ihn vorgesehen ist.*

*Höre nicht auf die Angstparolen, die sich mehren, sondern halte mit deinem festen Glauben dagegen, dass alles in göttlicher Ordnung und somit vollkommen ist.*

*Höre auf mich – auf das Licht, das aus deiner Seele strahlt, und setze um, was dein Herz dir befiehlt. Du kannst nichts falsch machen, denn der Weg des Herzens ist die Richtung, die Gott dir aufzeigt. Du brauchst diesem Weg nur zu folgen.*

*Du bist unendlich gesegnet und geliebt.*
*Maria*

# Wie denkst du über Schuldgefühle?

Verehrte Gottesmutter!
Liebste Maria,

vielen Dank für dein Antwortschreiben. Mir geht es sofort besser, wenn ich von dir Post bekomme. Du hast ja recht, wenn du sagst, dass ich mich nicht von Enttäuschungen runterziehen lassen soll. Aber weißt du, ab und zu vergesse ich, dass ich der Schöpfer meiner eigenen Wirklichkeit bin, und wenn turbulente Energien der Transformation über mich herfallen, dann lasse ich mich halt gehen. Ist ja menschlich, würdest du doch sagen, oder?

Ich lerne ohnehin immer besser, auch mit Enttäuschungen umzugehen. Sie sind nun einmal Bestandteil meines Lebens und meiner Lernerfahrungen. Ich weiß auch, dass es an mir liegt, wie ich damit umgehe. Lasse ich sie in mein Energiefeld, weil ich mit dem Geschehenen hadere, oder sehe ich das Muster dahinter, das es aufzulösen gilt. Sehr oft, das habe ich inzwischen ebenfalls erkannt, sind bestimmte Enttäuschungen ja ein Spiegel für mich, um mich selbst darin zu erkennen. Du siehst, verehrte Muttergottes, ich habe schon vieles von dem gelernt und auch verinnerlicht, was du mir gesagt hast.

Heute möchte ich wieder ein Thema ansprechen, mit dem ich persönlich große Probleme habe, weil ich damit nicht klarkomme. Ich meine die Schuldgefühle, liebste Mutter. Sie können einem das Leben ganz schön schwermachen. Was kann ich tun, damit das nicht geschieht?

Ich danke dir wieder im Voraus für deine Antwort.

Sei von ganzem Herzen umarmt, geliebte Mutter.
Deine Aliana Kara

***Gott zum Gruß, geliebte Menschenseele!***
***Liebste Aliana Kara,***

*Schuldgefühle sind natürlich ein Thema, das viele Menschen betrifft, vor allem Frauen. Schon aufgrund ihrer Empfind- und Verletzbarkeit schlagen sich weitaus mehr Frauen als Männer damit herum. Schuldgefühle sind eine Heimsuchung, meine Liebe.*

*Schuld entsteht immer durch das unbewusste energetische Muster, sich irgendwann einmal schuldig gemacht zu haben und sich selbst nicht vergeben zu können, weil man aufgrund von Glaubensmustern und Erziehung befürchtet, dass einem der göttliche Vater nicht verzeiht. Aber, meine liebe Aliana Kara, ich habe dir schon des Öfteren gesagt: Gott ist Liebe. Und „seine" Liebe ist bedingungslos. Bedingungslose Liebe bewertet und verurteilt nicht. Liebe hebt deine Schwingung an, lässt deine Seele weit werden und liebende Vergebung in dein Herz strömen. Liebe ist, was immer auch im Universum geschieht. Und, geliebte Seele, wie kann ein Mensch, wie kannst du selbst dich verurteilen, wenn unser aller Vater dir schon längst alles, was du jemals getan hast, vergeben hat und dich beim Heimkommen immer wieder als seine liebende Tochter empfängt, die vor langer Zeit ausgezogen ist, um sich zu erfahren?*

*Wisse, in dem Moment, in dem du einem anderen die Schuld gibst, übernimmst du nicht die Verantwortung, und wir haben doch zuvor über Eigenverantwortung gesprochen. Wenn du etwas in deinem Leben kreiert hast, das deiner Meinung nach schlecht ist, dann liegt das an deiner*

Lernerfahrung. Alles, was du dir aussuchst, suchst du dir wegen der Erfahrung aus. Nimm dich, wie auch die Menschen und die Situation an und segne deinen Schmerz. Denn in diesem Schmerz, der sich in deiner Seele von einem Leben zum anderen angesammelt hat, steckt immer auch eine Perle der Weisheit. Aus Gegebenheiten deiner Vergangenheit sind sehr oft Programme entstanden, die noch in deinem heutigen Leben eine Auswirkung haben. Aber alles, was sich jemals in deinem Leben zugetragen hat, diente dir und den Menschen, die darin involviert waren.

Sei dir bewusst, nicht Gott verurteilt dich, weil du glaubst, schuldig zu sein, sondern du selbst bewertest das Geschehene und stufst es als schuldhaft ein. Damit machst du dir jedoch nur selbst das Leben schwer, und davon löst sich Schuldenergie nicht auf. Du wirst in deinem Herzen keinen Frieden finden, so lange du glaubst, du hättest ihn nicht verdient. So lange du denkst, du seist es nicht wert, ein friedvolles, harmonisches und reiches Leben zu führen.

Meine Liebe, beginne damit, dir selbst und allen anderen zu vergeben, um so den Neubeginn deines Lebens zulassen zu können. Schuld ist doch nur eine noch nicht gelernte Lektion. Schuldgefühle machen dich krank, sie „fressen" dich von innen auf. Wenn du das zulässt, ist es deine eigene Entscheidung und hat nichts mit Gott zu tun. Aber Entscheidungen können jederzeit – in jeder Minute deines Lebens – berichtigt werden. Lebe im jetzigen

*Moment, in der Fülle des Jetzt. Danke für die Erfahrung, die damit einhergegangen ist, aber lass Situationen, in denen du dich schuldig fühlst, los. Übernimm Verantwortung für dein Tun, Handeln und Denken. Segne dich für jede Schöpfung des Schmerzes, den du erlebtest. Segne dein Leben.*

*Wenn du Lernerfahrungen nicht wertest, sondern akzeptierst, entdeckst du das Göttliche in dir, das Licht, das du bist. Wenn du alles zulässt, ohne zu beurteilen, schaffst du dir deinen eigenen Regenbogen, und in deiner Seele erstrahlt das Licht aller Sterne. Strebe nach diesem Leben, du verdienst es. Jede von euch Frauen verdient es.*

*Gehe in Licht und Freude deiner Wege.*
*Maria*

## Wie denkst du über Krankheiten?

Verehrte Gottesmutter!
Liebste Maria,

deine Worte sind Balsam für mein Herz, liebste Mutter. Weißt du, es gibt einige Situationen, wegen denen ich Schuldgefühle hege. Und nicht wenige, liebe Mutter. Einige davon sind im Laufe der Jahre naturgemäß schwächer geworden, aber sie sind nie ganz weggegangen. Und ich verstehe, wie das mit Himmel und Hölle jetzt gemeint ist. Beides sind nur Bewusstseinszustände, habe ich recht? Den Himmel wie auch die Hölle kann ich mir selbst bereiten, indem ich meine Handlungen und Emotionen danach einsetze, verstehe ich das richtig? Wenn das stimmt, dann habe ich mir schon sehr oft selbst die Hölle auf Erden bereitet, allein durch jede Menge an Schuldgefühlen. Wie sehr verurteilte ich mich dafür, jemandem nicht gesagt zu haben, wie sehr ich sie/ihn liebte, oder wie leid es mir tat, was geschehen war. Plötzlich gab es dann keine Gelegenheit mehr dazu, es nachzuholen, weil der Betreffende in die Welt hinter dem Schleier gegangen ist. So etwas nagt an einem, liebe Maria, das kannst du mir ruhig glauben. Und ja, es macht auch krank. Ich habe das alles selbst durchgemacht. Damals, du weißt, was ich meine, liebe Gottesmutter, habe ich vor lauter Schuldgefühlen Beschwerden mit der Galle bekommen, die mich für Monate außer Gefecht gesetzt haben.

Heute weiß ich, dass mir das alles erspart geblieben wäre, wenn ich mich selbst nicht so hart verurteilt hätte. Da heißt es immer, der Mensch lernt am meisten aus Schmerz, aber erst durch deinen Brief kam die wahre Erkenntnis. Dass ich anderen für meine Situation eine Mitschuld gegeben habe, hat die Sache auch nicht besser gemacht. Mensch, was war ich doch ... Ich höre schon auf, darüber zu lamentieren, denn ich bin nun wirklich dabei, unter meine Schuldgefühle einen Schlussstrich zu ziehen.

Ich habe begonnen, mir meine belastenden Gefühle vom Herzen zu schreiben. Ich sage dir, liebste Mutter, das hilft sehr. Am Ende des Briefes vergebe ich mir selbst und allen anderen, die in das Geschehene involviert waren, und verbrenne das Geschriebene. Danach, liebste Mutter, wird mir ganz leicht ums Herz. Schließlich will ich im Neuen Zeitalter das neue Denken leben und mir nicht mit alten Emotionen neuerlich Krankheit ins Leben ziehen. Apropos Krankheit. Wie denkst du über Krankheiten, Mutter?

In tiefer Dankbarkeit,
Aliana Kara

***Gott zum Gruß, geliebte Menschenseele!***
***Liebste Aliana Kara,***

*es sind die Gefühle, die Krankheit verursachen, und es sind jene körperlichen, leidvollen Erfahrungen, die ihr euch für dieses Leben ausgesucht habt. Von den „mitgebrachten“ Leidenserfahrungen haben wir schon gesprochen. Viele andere, krankmachende Erfahrungen entstehen durch den Spiegel eurer Glaubensstrukturen, der Vorstellung von euch selbst und der Umgebung.*

*Euer physischer Körper ist ein Ausdruck eures gefühlsmäßigen Wohl-Seins oder Unwohl-Seins. Euer Sein besteht aus Gedanken, verbunden mit Emotionen. Und wo einer Emotion kein Zugang zu einem Ausdruck verschaffen wird, kreiert der Körper eine Krankheit, um euch zum Handeln aufzufordern. Wenn du krank bist, frage dich, warum? Welches Gefühl steckt hinter der Krankheit? Dieses Gefühl solltest du annehmen und wissen, dass die Krankheit nur existiert, damit du daraus lernst.*

*Das beste Beispiel, wie Gefühle in Krankheit ausarten können, hast du selbst angeführt. Durch deine Schuldgefühle hast du harte Gedanken gegen dich selbst gehegt, warst verbittert und hast dir lange Zeit jede Freude versagt. Diese Gedanken, verbunden mit der Emotion von Schuldig-Sein, haben zu deiner Gallenerkrankung geführt. Das Sprichwort: „Da kommt einem die Galle hoch!“, sagt sehr treffend aus, dass Gefühle der Selbstablehnung, der Schuldzuweisung und der Verbitterung sich in genau diesem Organ manifestieren können.*

*Dasselbe gilt für alle Bereiche eures physischen Körpers. Wenn ihr lange nicht bereit seid, über euch belastende Dinge zu sprechen, bekommt ihr Probleme mit dem Magen, vergönnt ihr euch jede Freude oder quält euch mit Minderwertigkeitsgefühlen, spürt ihr dies im Herzen. Jede Emotion hat ihren Gegenpunkt in eurem Körper, du hast davon schon gelesen, denn es gibt gute Bücher darüber, welche seelisch-geistigen Gründe hinter körperlichen Krankheiten zu finden sind. Darin wird sehr anschaulich angesprochen, wie sehr euer Wohlbefinden mit euren Gefühlen und Denkmustern in Zusammenhang steht.*

*Was nun deine Aussage betrifft, dass der Mensch am meisten aus Schmerz lernt, möchte ich hinzufügen, dass oft Schmerz mit Gefühl verwechselt wird. Aber, meine Liebe, Schmerz ist kein Gefühl. Das, was dir Schmerzen macht, ist der Widerstand, den du gegen die Gefühle hast. Es ist sehr wichtig, dass du das verstehst:* ***Schmerz ist Widerstand gegen die Gefühle.***

*Wenn du Freude verspürst, ist dein Gefühlszentrum, dein Solarplexus, der sich im Bauch befindet, offen. Gefühle sind Energie. Das ist, woraus alles besteht: Energie. Wenn du dich freust, sind alle deine Energiezentren offen, und dein Herz wird lebendig. Wenn du in eine Situation kommst, die du als schmerzvoll beurteilst, vor der du Angst hast, dann ist dein Energiezentrum im Bauch geschlossen. Du kennst das. Es fühlt sich an wie eine eiserne Faust, die deinen Bauch in ihrem stählernen Griff hat. Das nennt man dann Schmerz.*

*Wenn sich angstvolle Energien im Körper ansammeln, kann man sie sowohl aus- als auch unterdrücken. Werden die Gefühle lange Zeit unterdrückt, ist das der Grund dafür, dass der Körper mit Krankheit reagieren kann. Ausdruck und Unterdrückung sind Polaritäten, und dazwischen liegt deine Entscheidung. Ich würde dir in Zukunft raten: Erkenne Gefühle, die sich Ausdruck verschaffen wollen, und nimm sie urteilsfrei an. Mit Erkennen und Annehmen bewirkst du Verwandlung von Schmerz hin zur Freude.*

*Es ist wichtig, zu deiner Eigenverantwortung und zu deiner Selbstheilungskraft zu stehen, weil Heilung zuerst in deinen Gedanken, erst dann in deinen Emotionsfeldern, und schließlich in deinem physischen Körper geschieht. So, wie sich eine Krankheit zuerst in feinstofflichen Ebenen kreiert, beginnt auch ihre Heilung im feinstofflichen Bereich, ehe sie auf der Körperebene sichtbar wird. Lebe in Freude deine Gefühle aus, und liebe dich für das, was und wie du bist. Liebe alle Menschen und akzeptiere sie so, wie sie sind.*

*Maria*

## Wie denkst du über Farben?

Verehrte Muttergottes!
Liebste Maria,

ich danke dir. Mir ist wieder vieles klar geworden. Schade, dass ich nicht viel früher begonnen habe, dir Fragen zu stellen und mein Leben einer Neuordnung zu unterziehen. Aber es musste wohl alles so sein, wie es bis jetzt gelaufen ist, denn wie du sagst, gibt es für alles einen richtigen Zeitpunkt, oder? Schließlich habe ich mir die meisten weltlichen Lernerfahrungen, ausgenommen jene, die ich mir vor meiner Geburt vorgenommen habe, mit meinem Denken ins Leben geholt. Schön dumm, stelle ich fest.

Wenn ich dich richtig verstanden habe, habe ich mir mein Leben vorab in groben Zügen konstruiert und jede weitere Krankheit, einschließlich der Schmerzen, durch meine Denkweise und die dazugehörigen Gefühle selbst manifestiert. Mein Gott, welche Erkenntnis!

Zum Glück habe ich jede Minute des Tages die Möglichkeit, durch eine geänderte Sichtweise mein Leben zum Positiven hin zu verändern (umgekehrt natürlich genauso). Die Erkenntnis, wie viel Unnötiges ich mir geschaffen habe, haut mich um. Auch wenn ich jetzt weiß, dass es nur deswegen geschehen ist, weil ich daraus lernen wollte, damit meine Seele die Möglichkeit hat, an ihren Erfahrungen zu wachsen. Habe ich recht, liebste Mutter?

Ich weiß ja nun, dass jeder Mensch bei allen Erfahrungen, die er so macht, göttlich geführt ist, und das ist sehr schön. Auch wenn die Auswirkungen mancher Erfahrungen Kummer und Schmerz verursachen, ist es deshalb doch göttliche Führung, oder?

Natürlich möchte ich auch dieses Mal nicht schließen, ohne eine neue Frage an dich zu richten. Liebe verehrte Muttergottes, stimmt es, dass Farben einen großen Einfluss auf unser Wohlbefinden haben? Ich frage deshalb, weil so viele Jugendliche schwarze T-Shirts tragen, sehr oft auch noch mit dem Abdruck eines Totenschädels darauf. Wie denkst du darüber, liebste Mutter?

Verbunden in großer Liebe und Dankbarkeit, verabschiedet sich deine

Aliana Kara

***Gott zum Gruß, geliebte Menschenseele!***
***Liebste Aliana Kara,***

*ich finde es gut, dass du das Thema „Farben“ ansprichst, denn Farben haben wirklich großen Einfluss auf euer Leben und Wohlbefinden.*

*Farben sind ein von Gott gegebener Weg, der eurer Entwicklung dient. Wenn ein Mensch sich mit der Schöpferkraft der Farben befasst, kann er sich selbst klarer sehen und ist in der Lage, durch bewussten Einsatz der Farben, ob als Kleidung, durch Bilder oder durch Farbtherapie, Veränderungen zu erzielen.*

*Wer sich bewusst mit Farben beschäftigt, setzt schöpferische Energie durch seinen Farbkanal frei und kann dadurch auch seine Selbstheilungskräfte aktivieren. Wer seiner intuitiven Wahrnehmung folgt, wird in der Beschäftigung mit den Farben viel Anregung finden. Aber auch die Seelen, für die Intuition noch etwas Fremdes ist, profitieren von der Arbeit mit Farben. Sie kommen dabei mit dem Licht in Berührung, dem Motor jeder spirituellen Entfaltung.*

*Entsprechend ihrer Energie stellt Farbe daher ein Kommunikationsmittel dar. Farbe ist die Sprache des Lichts – jenes Lichts, das euren Körper und eure Welt durchdringt.*

*Farbe durchflutet eure Erde und den Himmel. Ihr lebt in einem Universum, das der Kraft der Farben unterworfen ist, sowohl in sichtbarer, als auch in unsichtbarer Energie. Licht und Farben durchdringen euer Wesen. Wie sehr, das können wir von unserer Seite am besten sehen. Menschen, die Farben lieben, sich mit ihnen beschäftigen, sich durch sie ausdrücken oder sich mit dem Herzen fühlend mit ihnen verbinden, strahlen das in ihrem Lichtfeld, ihrer Aura aus. Beschäftigung mit Farben ist spirituelle Balance, ein Geschenk von großem Wert, das zum Leitthema eines Lebens werden kann.*

*Jeder Seele sollte bewusst werden, welchen Einfluss Farben auf das Wohlbefinden haben. Je mehr dunkle Farbwirrungen, niedrigschwingende Worte und disharmonische Strukturen sich auf einer Kleidung befinden, desto mehr wird diese Seele in besondere energetische Bereiche geführt, die auf sie wirken, auch wenn sie die Auswirkungen nicht erkennt. Diese wenig lichtvollen Schwingungen übertragen sch in ihr Energiefeld und auf ihre Chakren – ihre Energiezentren. Je lichter eine Seele in ihrem Energiefeld wird und je mehr sich ihre Wahrnehmung ausdehnt, umso deutlicher nimmt sie solche Schwingungen auf und spürt sie an ihrem Körper.*

*Aufschriften, wie sie zum Beispiel auf T-Shirts üblich sind, haben – neben der Farbe – großen Einfluss auf die innere Harmonie, das innere Gleichgewicht und das Wohlbefinden. Jede Seele, die gerne schwarze Kleidung trägt, sollte sich fragen, weshalb sie die dunkle Farbe liebt, und was sie für sie bedeutet. Nichts im gesamten Universum trägt die Farbe Schwarz. Immer ist es ein tiefes, dunkles Blau. Eure Jugendlichen sollten sich bewusst werden, was sie unterdrücken möchten und was sie sich aus modischen oder klischeehaften Gründen, aus Gründen des Protests oder weil sie mithalten wollen, selbst damit antun. Sie lassen sich von außen lenken und beeinflussen, ja diktieren, was Modemacher wollen. Damit lassen sie sich nicht nur ein bestimmtes, durch diese Kleidung entstehendes Körpergefühl auferlegen, sondern sich auch in einer niederschwingenden Lebensweise festhalten. Denn mit dem Körper fühlt sich auch das Bewusstsein eingeengt und kann sich nicht so frei entfalten, wie es sollte.*

*Helft euren Kindern dabei, sich wieder mehr selbst zu spüren und die eigene Kraftlenkung zu erfahren, statt wie eine Marionette zu funktionieren, nur um zu gefallen, um anerkannt und geliebt zu werden. All die Bereiche, in denen euch von außen diktiert wird, so oder so zu handeln, sind das große Feld der Illusion. Gebt euren Kindern all die Liebe, die ihr zu geben imstande seid, nehmt euch die Zeit, um ihnen zuzuhören, und seid selbst das beste Vorbild. Damit könnt ihr euren Kindern/Jugendlichen am besten helfen, mit ihrer inneren Zerrissenheit klarzukommen.*

*Auf den neuen Ebenen des Lebens, in die der Mensch sich hineinbewegt und hineinentwickelt, war niemals die schwarze Farbe von Bestand.*

*Geliebte Seele, lerne wieder zu fühlen, mit welchen Farben du dich gerne umgibst, welche du bevorzugst und welche du ablehnst oder niemals trägst. Dies gibt dir wunderbare Hinweise auf deine unbewusste Ablehnung gewisser Themen, die möglicherweise in deinem Leben jetzt anstehen und aufgearbeitet werden sollten.*

*Wenn du dich deiner Kleidung, deiner Gegenstände in deinen Wohnräumen und deiner Bilder an den Wänden immer bewusster wirst und aufgrund dessen deine*

*Kleidungsstücke und Einrichtungsgegenstände in Zukunft noch intuitiver auswählst, kannst du davon ausgehen, dass dein Leben harmonischer und friedvoller verlaufen wird, glaube mir das, geliebte Seele.*

*Denn jeder Lebensbereich wird von der Kraft der Farben beeinflusst. Und je gereinigter und leichter dein Lichtfeld ist, desto mehr wirst du deine Schöpferkraft wieder wahrnehmen. Indem deine Augen angezogen werden von den Farben, der Leichtigkeit und vom Wohlgefühl in deinem energetisch-harmonisierten Wohnraum. Denn dein menschliches Sein bewegt sich in der sichtbaren Materie und im feinstofflich Schwingenden, das sich in Tönen und Farben erleben lässt. Diese Farbenpracht und Farbenvielfalt sind ein göttliches Geschenk, die dem Menschen kostenlos zur Verfügung stehen. Nutze dieses Geschenk, meine Liebe, damit Dunkles sich auflöst. Damit deine Herzöffnung fühlbar wird. Damit das Göttliche für dich wieder begreifbar wird. Damit dein Lichtkörper mit den Sternen am Himmel in Übereinstimmung schwingt.*

*Ich lege meinen Mantel der Liebe und der Harmonie um dein Lichtfeld.*

*Maria*

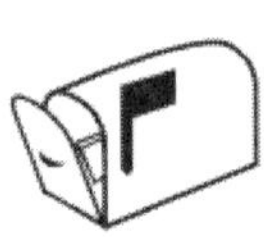

# Wie denkst du über das Selbstwertgefühl?

Verehrte Muttergottes,
liebste Maria,

ich bedanke mich ganz herzlich für deinen Brief. Du hast wieder so schöne Worte gefunden, die mich sehr berührt haben. Weißt du, ich habe mir ja schon gedacht, dass du so oder ähnlich über die Vorliebe unserer Jugendlichen, dunkle und enge Kleidung zu tragen, denken wirst, aber dass es einen so gravierenden Einfluss auf das Körpergefühl hat, hätte ich nicht gedacht. Ich habe mich daraufhin etwas mehr mit diesem Thema befasst und viel darüber gelesen. Ich habe mir einige Bücher über Farben und Spiritualität besorgt und mit großem Staunen gelesen, dass nicht nur den Chakren, unseren Energiezentren, bestimmte Farben zugeordnet sind, wie zum Beispiel Rot für das Wurzelchakra, Gelb für den Solarplexus usw., sondern auch, dass zwölf göttliche Farbstrahlen aktiv für die gesamte Menschheit wirken. Sie sollen bei unserer Verwandlung helfen und Veränderung und Transformation einleiten. Toll, was uns der Himmel alles an Hilfe schickt, damit wir aus dem tiefen Tal der Illusion herauskommen. Darüber werde ich mich in einschlägiger Literatur sicher noch näher informieren, denn das interessiert mich sehr.

Ich kann nur Danke sagen. Liebe Mutter, bitte lass mich einmal dein heilendes Licht fühlen, wenn du es mir wie einen Mantel umlegst. Das stelle ich mir einfach wundervoll vor. Vielleicht hilft dein Licht, mich besser zu fühlen, wenn ich wieder einmal Probleme damit habe, meinen Selbstwert auszudrücken.

Ich liebe dich sehr, große Mutter.
Deine Aliana Kara

***Gott zum Gruß, geliebte Menschenseele!***
***Liebste Aliana Kara,***

*der Wert deines Seins drückt sich nicht nur auf deiner sichtbaren Ebene aus, sondern auch darüber hinaus. Deshalb ist es wichtig für dich, disharmonische Energien in deiner Lebensplanung zu bereinigen, denn wie du dich innen fühlst, so zeigst du dich im Außen.*

*Geliebter Erdenengel, erinnere dich, wer du bist. Steige in die innere Liebe hinab, dort, wo das Urvertrauen zu Hause ist. Du wirst von deinen Engeln begleitet. Erkenne dich. Erkenne, wer und was du bist. Nimm dich an und liebe dich. Du hast es verdient.*

*Wenn du das Licht findest, das du selbst bist, das vollkommen göttlich ist, dann können menschliche Probleme dich nicht mehr in niederschwingende Energien hinunterziehen. Ich habe dir schon gesagt, dass du selbst der Schöpfer deines Lebens bist. Du kannst in deinem Leben nur das erfahren, was du zuvor mit deinen Gedanken, Worten, Emotionen, Vorstellungen und Absichten genährt hast. Ich habe auch gesagt, dass du jederzeit die Möglichkeit hast, umzudenken. Also beginne, dich selbst als das zu sehen, was du bist: eine wundervolle Frau, genährt und inspiriert vom Geist Gottes.*

*Wenn du Probleme hast, deinen göttlichen Selbstwert auszudrücken, dann, geliebte Seele, begib dich in die Harmonie, in deine Mitte. Fülle deinen physischen Körper mit dem heilenden Licht göttlicher Farben auf. Auch deinen Chakren und Organen, deinem Lichtfeld, kannst du sol-*

*cherart gezielt Heilkraft übermitteln, indem du dich für die Kraft der göttlichen Strahlen öffnest. Setze das kraftvolle, hochfrequente violette Licht von Meister Saint Germain ein, wenn du spürst, dass du in deinem Denken und Fühlen blockiert bist. Stell dir vor, dass dieses hochfrequente Licht deine feinstofflichen Körper reinigt und die dort angelagerten, blockierenden Energien transformiert.*

*Lass dich von deiner Seele leiten, wenn es um die Frage geht, welche Farbe dir in diesem Moment Heilung bringen kann. Soll es weißes, göttliches Licht sein, oder das magentafarbene wundervolle Licht von Jesus, dem Christus, das dir wieder innere Harmonie und Ausgeglichenheit verschaffen kann? Du kannst jedes Licht in jeder Farbe einsetzen, die dir deine Intuition ins Bewusstsein bringt.*

*Mit der Harmonisierung deines Körpers durch diese Farb-Lichtduschen gehen auch die Reinigung und Ausdehnung deines Lichtkörpers einher. Mache dir aber keinen Druck, sondern setze diese Techniken Schritt für Schritt um, in deiner Zeit. Dies ist der Weg deiner eigenen Erfahrung, deines Entdeckens, wer du bist. Wenn du dich mit all der gebotenen Achtung annimmst und dich so liebst, wie es dir zusteht, bist du mit deiner Göttlichkeit verbunden, die dann verhindert, dass du an dir zweifelst. Ich ermutige dich, das Verbundensein mit deiner Göttlichkeit zu üben, wann immer du es dir einrichten kannst.*

*Wisse, die höchste Spiritualität ist die, die im Alltag gelebt wird. Du hast dort, wo du jetzt stehst, eine Vielzahl von*

*Gelegenheiten, dich für das Lichtvolle und die Selbstliebe zu entscheiden. Mit einer neuen, liebevollen Sicht deiner selbst wirst du nicht nur von deinem Herzen mit heilsamer Schöpferenergie versorgt, sondern strahlst diese auch aus. Durch deine Herzöffnung werden andere Menschen berührt, die vielleicht auch beginnen, ihr Herz zu öffnen. All das geschieht durch die Liebe zu dir selbst.*

*Gesegnet sei dein Tun.*
*Maria*

## Wie fühlt sich wahre Führung durch Engel an?

Verehrte Muttergottes!
Liebste Maria,

ich danke dir für deine aufmunternden Worte. Es ist mir bewusst, dass es nur an mir liegt, wenn ich immer aus der Spur falle. Mittlerweile weiß ich ja wirklich, dass es nur an meiner Einstellung zum Leben liegt, wenn etwas danebengeht. Aber es ist halt oft so, dass man es einige Male gesagt bekommen muss, ehe man es wirklich verinnerlicht. Du machst es bei mir immer auf so liebevolle Art und Weise, dass ich es nicht als Belehrung, sondern als Bereicherung empfinde. Ist das nicht schön, liebste Mutter? Wenn ich daran denke, wie ich noch zu Beginn unseres Briefwechsels darüber gedacht habe, so habe ich in der Zwischenzeit doch einige Fortschritte gemacht. (Ich erwarte mir dafür kein Lob!) Aber ich verfalle halt noch immer ab und zu in die menschlichen Empfindungen, die aber nicht schlimm sind, denn du sagst immer, alle Veränderung geschieht in der Zeit, die für mich richtig und angemessen ist. Deshalb denke ich, dass meine Ausdrucksweise kein Problem darstellt, habe ich recht?

Liebste Maria, ich brauche jetzt einige Zeit, um alles, was ich von dir erfahren habe, zu verarbeiten. Auch möchte ich die vielen Briefe, die bis jetzt auf der Mailadresse angekommen sind, in deine Hände legen. Ich weiß, dass du jeden einzelnen Brief mit deiner wundervollen Energie berühren wirst und den betreffenden Frauen, die deine Hilfe auf diese Art und Weise in Anspruch nehmen, dein Licht sendest. Ich bin überzeugt davon, dass aus deiner Berührung jede Frau Kraft, Liebe und Erkenntnis mit in ihr Leben nimmt.

Bitte, liebste Mutter, erzählst du mir zusammenfassend noch einmal etwas über Führung durch die Engel?

Ich sende dir meine Liebe von Herz zu Herz und meinen innigsten Dank.

Deine dich über alles liebende
Aliana Kara.

***Gott zum Gruß, geliebte Menschenseele!***
***Liebste Aliana Kara,***

*das mache ich sehr gerne, denn Engelführung bedeutet Seelenführung. Engelführung heißt, dass man Dinge tut, die im Einklang mit der Seele sind. Man verspürt bei allem, was man tut, ein gutes Gefühl. Ja, es sind sogar Gefühle der Freude, die einen erfüllen, wenn man um Führung bittet und sie geschehen lässt.*

*Engelführung heißt auch, dass jeder, seiner Bestimmung gemäß, mit den Dingen konfrontiert wird, die seinem Lebensplan entsprechen, und es heißt auch, dass man erkennt, dass Dinge deshalb im Leben geschehen, weil man daraus lernen soll.*

*Das Denken, wonach Engelführung himmelhochjauchzend und ohne schmerzliche Lebenseinschnitte sein soll, ist nicht richtig. Die Engel kennen den Lebensplan jedes Menschen, und sie führen ihn gemäß diesem, was aber auch bedeuten kann, dass es Erfahrungen gibt, die entweder leidvoll sind oder viel Mut abverlangen.*

*Doch wenn man glaubt und vertraut, können diese Erfahrungen auf eine Art und Weise ausfallen, die weniger leidvoll sind. Wenn man Engelführung annimmt und erkennt, wird man oft Dinge erleben, die man so nicht erwartet hätte.*

*Da lösen sich Konflikte und Probleme auf, von denen viele gedacht haben, dass es niemals geschehen wird. Engelsführung bringt jeden – mit seinem Einverständnis – auf möglichst geradem Weg seiner Bestimmung entge-*

*gen. Sie führt euch Menschen zu, mit denen ihr sonst nicht in Kontakt kommen würdet, und sie macht Dinge begreifbar, für die ihr euch vorher nicht interessiert habt.*

*Das Zulassen von Engelführung betrifft alle Bereiche des Lebens: von der Ernährung bis zum Bewusstseinswandel, von der Fitness bis zum anderen Verständnis der Partnerschaft, von den Elementen und von Mutter Erde. Und es werden euch immer Dinge zugeführt, die eine starke Aussage beziehungsweise Botschaft haben.*

*Wenn man auf seine innere Stimme hört, die Gedanken und Empfindungen, die einem die Seele schickt, aufgreift und umsetzt, dann betritt man den Weg, den die Engel mit ihrem Licht und mit ihrer Liebe ausleuchten. Durch dieses Licht erkennt man die Steine, die im Weg liegen, und kann ihnen oftmals ausweichen. Jedem von euch muss klar sein, dass er den Weg selbst gehen muss, das können Engel nicht für euch tun, aber sie können euch dabei so unterstützen, dass er leichter zu begehen ist. Engel sind immer um euch, auch dann, wenn ihr der Meinung seid, allein gelassen zu werden. Das sind dann Zeiten, in denen jeder selbst erkennen soll, was er zu tun hat. Wo sein Schöpfergeist gefordert ist. Wo er mehr als sonst auf die innere Stimme hören soll.*

*Vertraut eurer inneren Stimme. Je öfter ihr das tut, desto lauter wird sie zu hören sein. Ihr werdet erleben, wie viele Wunder in eurem täglichen Leben geschehen werden. Behutsam und mit unendlicher Liebe sind Engel ein Bestandteil eures Lebens, und sie nehmen Teil an allem, was mit euch geschieht. Ohne Be- und Verurteilen nehmen sie euch an und halten euch mit ihren Flügeln umfangen. Euer offenes Herz, euer Erkennen und eure Liebe ihnen gegenüber motivieren sie zu Höchstleistungen, die sich wiederum als solche in eurem Leben auswirken.*

*Nehmt die kleinen und großen Wunder eures Lebens an und erkennt, dass sie sich euch durch himmlische Führung zeigen.*

*Engel haben mit jedem Menschen, der ihre Führung wünscht, Großes vor, denn jeder Mensch ist einzigartig und zu Höchstem berufen. Sie warten nur auf eure Einladung, um mit euch gemeinsam das Leben zu erforschen und euch auf bestmöglichste Art und Weise zu begleiten und zu unterstützen.*

*Noch einige ganz persönliche Worte zu euch, geliebte Frauen:*

*Ihr tragt das neue Licht in eurem Herzen, das die Welt verändern wird. Ihr gebt dem Licht der Neuen Zeit die Dimension und euch selbst Größe. Ihr werdet um eure innere Stärke wissen, wenn ihr die Schöpferkraft in euch erweckt. Ihr seid es, die Leben erhaltene Balance zwischen weiblicher und männlicher Energie wiederherstellen werden. Ein neues System, ein neues Zeitalter der Harmonie, des Lichts und der Liebe entsteht in dieser Neuen Zeit. In dieser neuen lichtvollen Energie werden sich Kämpfe und Schwere, alte Systeme und Wertigkeiten verabschie-*

*den. Über das kollektive Energiefeld werden alle Frauen mit dem Erwachen des weiblichen Lichts eingeladen, ihren eigenen Herzensraum zu heilen. Sich auf ihre eigenen Talente zu besinnen und die Freiheit zu leben, die ihre Seele braucht. Die Freiheit, zu den eigenen Wertungen und Empfindungen zu stehen, und sie nicht mehr hinter fehlender Gleichbehandlung und dem Mangel an Mitgefühl zu verstecken.*

*Wir aus dem Geistigen begleiten und unterstützen euch bei eurem geistigen Aufstieg. Unsere Energien helfen dabei, in euch schlummernde Fähigkeiten ans Licht zu bringen, und wir tragen das Unsere dazu bei, dass männliche und weibliche Energien in euch erwachen und sich vereinen. Dadurch werdet ihr Frauen eine neue Bestimmung und Erfüllung erfahren, weil durch euch Altes und Neues wieder zusammenfinden kann, so, wie es vor Äonen der Fall war und wie es Gottes Wille ist.*

*Meine tiefe Wertschätzung und Anerkennung fließen zu euch hinüber für das, was ihr für den Frieden und das Erwachen der ganzen Menschheit tut. Die Liebe des Herzens und des Miteinanders wird uns Schritt für Schritt einander zuführen, so, wie es für jeden passend und richtig ist.*

*Euer Ziel sollte sein, euch wieder selbst zu spüren und zu erkennen, dass ihr göttliche Wesen seid, göttlicher Geist in einem menschlichen Kleid. Legt eure Wunden, eure Bürden und Sorgen in meine und in die Hände meiner liebenden Helfer, der Engel und der lichtvollen hohen*

*Wesenheiten der Transformation und der tiefen Erneuerung.*

*Frauen dieser Zeit, ich liebe euch unendlich und bedingungslos! Versöhnt euch mit eurem bisher gegangenem Weg – er führt zu Aufstieg und Erleuchtung. Es ist euer Ganzwerden und Heimkommen, euer Abschied und Neubeginn. Es ist euer Übergang ins Licht. In ein neues, lichtvolleres Leben.*

*Ergreift meine Hand, die euch über die Brücke ins Licht begleitet.*

*Ich bin Maria.*

*PS. Meine liebe Aliana Kara, fühle dich von Herzen umarmt, angenommen und geliebt. Ich sende dir meine Liebe und meinen Dank für diese Kommunikation.*

Eva-Maria Ammon
**Tatort Jesus 2**
**In tiefer Demut und Hingabe**
296 Seiten, A5, gebunden, mit Leseband
ISBN 978-3-941363-10-6

„Tatort Jesus 2“ knüpft dort an, wo „Tatort Jesus – Mein Neues Testament“ – endet.
In tiefer Liebe und Verbundenheit begleitet Jeshua uns in die Tiefen des geheimen Wissens unserer Spiritualität und beantwortet Fragen, die jedem wahrhaft Suchenden auf der Seele liegen.
Wir dürfen erneut eintauchen in die Lebensgeschichte von Jeshua, in der er sich – neben seiner Mission, das Licht auf der Erde neu zu integrieren und die Kraft der Weiblichkeit als die wahre Kraft der Schöpfung zu vertreten – als fühlender, liebender und sehnsuchtsvoller Mensch und Mann erfährt.
Ein berührendes Buch, das tief zu Herzen geht und einen Jeshua zeigt, den niemand zuvor kannte.

Eva-Maria Ammon
**Maria Magdalena – Jetzt rede ich!**
428 Seiten, gebunden, mit Leseband
ISBN 978-3-938489-99-4

Noch ein Buch über oder von Maria Magdalena? Gibt es nicht bereits genügend davon? Ja! Es gibt mehr als genug davon. Und: Nein! Dieses hier fehlt noch, denn hier schreibt Maria Magdalena selbst ihre ganz eigene Geschichte.
Maria Magdalena schildert schonungslos offen und detailliert ihr Leben und Sein mit Jeshua. Ihr Lieben, ihren Zorn, aber auch ihr Leiden.
*„So vieles sagt und schreibt ihr von mir. Ihr spekuliert, ihr recherchiert in eurer mangelhaften Geschichtsschreibung, ihr channelt mein Leben, meine angeblichen Lehren, und doch ist alles, was bisher geschrieben wurde, wenn überhaupt eine Wahrheit dabei ist, nicht einmal die halbe Wahrheit."*

Julia Schuricht
**Maitreya – Die sieben Lektionen der Liebe**
232 Seiten, A5, broschiert
ISBN 978-3-941363-25-0

Dieses Buch enthält die geheimen Schlüssel des Einweihungswegs des Herzens. Maitreya beschreibt sie als sieben Stufen auf einer Leiter, die ineinander verwoben und nicht wirklich voneinander zu trennen sind, und gibt tiefe Einblicke in universelle Zusammenhänge des Seins und der Schöpfung sowie der Menschheitsgeschichte. Durch Erleben und Integrieren der „Lektionen der Liebe" erlebt der Mensch, der in diesem Prozess der Meisterschaft sein Herz vollkommen öffnet, seinen Weg in die Freiheit des Seins.
Eine sehr liebevolle Anleitung für den Gang ins Zentrum und die Meisterung der menschlichen Erfahrung.

Sabine Skala
**Herzkommunikation**
**Wiedervernetzung der Herzen auf Erden**
264 Seiten, A 5, broschiert
ISBN 978-3-941363-15-1

Die wichtigste Kommunikation in der Neuen Zeit ist die Verständigung über unsere Herzen.
Von verschiedenen Meistern und Lichtwesen aus der Lichtebene wurden nun neue Informationen rund um das Thema Herzensenergie durchgegeben. Zudem vermittelt die Geistige Welt weiteres Wissen zu den Bereichen: energetische Partnerschaft und Seelenvereinigung, Kreatives Bewusstsein, Seelengruppen, Wirkung der eigenen spirituellen Fähigkeiten, das Herznetz der Kinder, neue Berufe der Lichtarbeiter und die kleinen Lichtboten, unsere Tiere, damit wir neue Sichtweisen erlangen und auf diese Weise lernen, die kraftvolle Energie unseres Herzens zu leben und kreativ, aber auch achtsamer mit uns und der uns inne wohnenden Macht umzugehen.

Leila Eleisa Ayach
**Seelenverträge - Absprachen in Liebe**
152 Seiten, A5, broschiert
ISBN 978-3-941363-24-3

Seelenverträge – was bedeutet das?
Jeder von uns hat sich vor seiner Inkarnation auf der Erde einen Seelenplan festgelegt, in dem jede Herausforderung festgeschrieben ist, die unsere geistige Entwicklung fördert und uns auf den Weg zum Erwachen führt. Die Geistige Welt weiß um unsere Ängste und Nöte, unsere Herausforderungen, aber auch um unsere Sehnsüchte, Ziele und Wünsche, und möchte uns helfen zu verstehen, warum wir bestimmte Erfahrungen in unserem Leben machen.
Letztendlich geht es darum, im Einklang mit der Schöpferkraft und dem höchsten göttlichen Plan des Lichts zu leben – und die Schöpferkraft voll und ganz im Leben wirken zu lassen.

Daivika
**Wenn der Körper die Erde wärmt**
**Saint Germain, Sanat Kumara, Sananda ...**
80 Seiten, A 5, broschiert
ISBN 978-3-941363-16-8

Dem Ruf von Saint Germain folgend, öffnete sich die Autorin 21 Durchsagen mit dazugehörigen Meditationen aus der Geistigen Welt (Sanat Kumara, Mutter Maria, Sananda, Kuthumi, El Morya, Lady Nada, Miranlaya u.v.m.), die unseren physischen Körper in die energetische Schwingung bringen, die dieser bis 2012 erreicht haben sollte, um die Energie des Aufstiegs aushalten und mit der Erde aufsteigen zu können.
Auf dem Weg dorthin, der in einem heiligen Augenblick in den Armen von Sananda im Fluss der Einheit endet, finden immer wieder göttliche Begegnungen statt, die uns Stück für Stück an den hieraus gewonnenen Erkenntnissen wachsen lassen.